AF272713

Die Kunst sich selbst zu leben

Vom Mut den eigenen Weg zu gehen

Von derselben Autorin oder demselben Autor

KEINE PANIK! Der ultimative Hitzewelle Surf-ival Guide durch das Menopause Universum

KEINE PANIK! Der ultimative Survival Guide durch das Pubertät Universum

KEINE PANIK ! Der ultimative Survival Guide durchs Chaos Universum der Pubertät

STUPID by the Feed-die gefährliche Macht der sozialen Medien

Energievampire-unsichtbare Feinde der Seele-wie Du deine Lebensenergie zurückeroberst

Psychotricks-Manipulation in Beziehungen und im Alltag erkennen und sich schützen

Mara von Eichen

Die Kunst sich selbst zu leben

Vom Mut den eigenen Weg zu gehen

Mara von Eichen

© Auflagen Mara von Eichen, 2025

Verlag: BoD · Books on Demand GmbH, In de Tarpen 42, 22848 Norderstedt, bod@bod.de

Druck: Libri Plureos GmbH, Friedensallee 273, 22763 Hamburg

ISBN: 978-3-7693-5441-6

MIX
Papier aus verantwortungsvollen Quellen
Paper from responsible sources
FSC® C105338

Mara von Eichen

Über die Autorin

Mara von Eichen lebt mit ihrer Familie in Südungarn und verbindet in ihren Werken Natur,Psychologie,Bewusstsein und kreative Ausdrucksformen. Als Autorin und Künstlerin betrachtet sie die Welt mit besonderer Sensibilität und Tiefgang. Ihre Sachbücher laden dazu ein, neue Perspektiven zu entdecken und die Verbindung zwischen Mensch und Natur bewusster wahrzunehmen. In der Ruhe der unberührten Landschaft findet sie Inspiration für ihre Arbeiten, die Verstand und Seele gleichermaßen ansprechen.

„Freiheit beginnt dort, wo du aufhörst, die Erwartungen anderer zu erfüllen."

Inhaltsverzeichnis

Vorwort

Vorwort

In einer Welt, die uns ständig sagt, wer wir sein sollen, ist es eine Kunst, sich selbst treu zu bleiben. Von klein auf werden wir in Normen gepresst, mit Erwartungen konfrontiert und oft unbewusst dazu erzogen, das zu tun, was als „richtig" gilt – selbst wenn es nicht unser eigenes Richtig ist. Doch wahre Erfüllung finden wir nicht, indem wir uns anpassen, sondern indem wir unseren eigenen Weg gehen.

Dieses Buch ist eine Einladung, die Fesseln der äußeren Erwartungen zu sprengen und den Mut zu entwickeln, authentisch zu leben. Es geht nicht darum, gegen alles zu rebellieren, sondern darum, bewusst Entscheidungen zu treffen, die mit dem eigenen Wesen im Einklang stehen.

Ich weiß aus eigener Erfahrung, wie befreiend – und gleichzeitig herausfordernd – dieser Weg sein kann. Selbstbestimmtes Leben bedeutet, Verantwortung zu übernehmen, gegen Widerstände anzutreten und auch mal alleine dazustehen. Doch wer sich traut, entdeckt eine tiefere Form der Zufriedenheit – eine, die nicht von der Anerkennung anderer abhängt, sondern aus dem Innersten kommt.

Mit diesem Buch möchte ich dir nicht nur Denkanstöße geben, sondern auch Werkzeuge an die Hand, um deinen eigenen, unverfälschten Lebensweg zu gestalten. Es ist eine Reise zu mehr Klarheit, Mut und Unabhängigkeit – eine Reise zu dir selbst.

Mara von Eichen

Einleitung

Einleitung

Jeder Mensch kommt mit einem einzigartigen Potenzial auf die Welt. Doch anstatt es zu entfalten, verlieren viele sich im ständigen Versuch, Erwartungen zu erfüllen, sich anzupassen oder einfach „dazuzugehören". Von klein auf lernen wir, wer wir angeblich sein sollen – durch Familie, Schule, Gesellschaft, Medien. Doch wer lehrt uns, wer wir wirklich sind?

Dieses Buch ist eine Einladung, genau das herauszufinden. Es geht um den Mut, sich selbst zu leben – kompromisslos, authentisch und frei. Es geht um die Kunst, eigene Entscheidungen zu treffen, statt sich treiben zu lassen. Und es geht um die Kraft, sich von den Zwängen zu lösen, die uns oft unbewusst kleinhalten.

Ich schreibe dieses Buch nicht aus einer distanzierten Perspektive, sondern aus gelebter Erfahrung. Ich weiß, wie es ist, aus festgefahrenen Strukturen auszubrechen, Rückschläge zu erleben und trotzdem unbeirrt seinen eigenen Weg zu gehen. Ich weiß auch, dass es nicht immer leicht ist – aber ich weiß vor allem, dass es sich lohnt.

In den kommenden Kapiteln werden wir gemeinsam erkunden, was es bedeutet, wirklich frei zu sein – innerlich wie äußerlich. Ich werde dir Werkzeuge und

Perspektiven an die Hand geben, die dir helfen, dein Leben selbstbestimmt zu gestalten, unabhängig von den Stimmen im Außen.

Denn am Ende des Tages ist es dein Leben. Die Frage ist nur: Lebst du es wirklich?

Mara von Eichen

Die Maske der Konformität

Die Maske der Konformität

In der heutigen Welt, in der die Erwartungen der Gesellschaft uns ständig umgeben, wird es immer schwieriger, unser wahres Selbst zu erkennen. Der Druck, sich anzupassen, ist allgegenwärtig und in vielen Bereichen unseres Lebens präsent: in der Familie, am Arbeitsplatz, in den sozialen Medien und in der breiten Masse der Erwartungen, die uns täglich begegnen. Wir tragen Masken, um uns in diese Welt zu integrieren – Masken, die oft so gut sitzen, dass wir anfangen, uns selbst darin zu verlieren. Diese Masken sind nicht aus Stoff oder Plastik; sie bestehen aus den Anforderungen und Normen, die uns die Gesellschaft auferlegt. Sie bestehen aus den Rollen, die wir spielen müssen, um Anerkennung zu finden und unseren Platz in der Welt zu sichern.

Von Kindesbeinen an werden wir in ein System eingeführt, das uns vermittelt, was richtig und was falsch ist, was akzeptabel und was abgelehnt wird. Schon früh lernen wir, dass unser Wert oft davon abhängt, wie gut wir uns diesen äußeren Erwartungen anpassen. Wenn wir den „richtigen" Weg gehen, uns in die „richtigen" Gruppen einfügen und uns in den vorgegebenen Rahmen zwängen, werden wir akzeptiert. Doch im Prozess dieses Anpassens verlieren wir ein Stück von uns selbst. Wir beginnen, das zu glauben, was andere von uns erwarten, und vergessen dabei, wer wir wirklich sind.

Die Frage, die sich hier stellt, ist nicht nur, wie sehr wir uns anpassen, sondern auch, wie weit wir uns in diese Anpassung hinein verlieren. Denn der Preis der Anpassung ist hoch. Wer sich ständig in die Erwartungen anderer fügt, riskiert, seine eigene Identität zu verlieren. Diese Anpassung schützt uns vor Ablehnung, bietet uns Sicherheit und vermeidet das Unbehagen des Andersseins. Doch je mehr wir uns hinter der Maske verstecken, desto schwieriger wird es, das wahre Gesicht hinter der Fassade zu erkennen. Die Maske wird zum Schutzschild, doch sie erdrückt uns, wenn wir uns in ihr verlieren.

Der Preis der Anpassung

Es gibt eine tiefe Wahrheit in der Aussage, dass der Weg des geringsten Widerstands oft derjenige ist, der uns am meisten kostet. Die Anpassung an gesellschaftliche Normen ist der einfache Weg, der uns vor Ablehnung und der Angst schützt, nicht dazuzugehören. Aber dieser Schutz hat seinen Preis. Wer sich ständig den Erwartungen der Gesellschaft anpasst, verliert oft die Chance, sich selbst zu finden. Wer sich immer nach außen orientiert, der hat keine Zeit und keinen Raum mehr, sich mit dem eigenen Inneren auseinanderzusetzen. Und so gehen viele von uns durchs Leben, ohne zu wissen, wer sie wirklich sind oder was sie wirklich wollen.

In einer Welt, die ständig verlangt, dass wir uns anpassen und in bestimmte Rollen schlüpfen, wird es immer schwieriger, unseren eigenen Weg zu finden. Die Gesellschaft feiert die Flexibilität, die Anpassungsfähigkeit und das Vermögen, sich in den vorgegebenen Rahmen einzufügen. Doch diese Anpassung kann eine Falle werden. Was passiert, wenn wir so weit gehen, dass wir uns vollständig in der Rolle verlieren? Was passiert, wenn wir so sehr darauf bedacht sind, den Erwartungen gerecht zu werden, dass wir vergessen, was es bedeutet, einfach zu sein?

Es ist eine der größten Herausforderungen unserer Zeit, den Mut zu finden, sich selbst treu zu bleiben und gleichzeitig in einer Welt zu leben, die ständig nach Anpassung schreit. Denn die wahre Freiheit liegt nicht in der Anpassung, sondern im Mut, sich selbst zu zeigen – ohne die Maske, ohne die Rollen, ohne die ständige Sorge, wie wir von anderen wahrgenommen werden.

Die Suche nach Authentizität

Jeder von uns trägt Masken. Sie sind wie eine zweite Haut, die wir anlegen, um den Anforderungen der Welt gerecht zu werden. Sie können die Form von gesellschaftlichen Rollen annehmen – die perfekte Mutter, der erfolgreiche Unternehmer, der fleißige Student, der perfekte Freund. Doch hinter diesen Masken liegt eine tiefere Wahrheit, die oft im Verborgenen bleibt. Wir alle sehnen uns nach Authentizität, nach einem Leben, das nicht von äußeren Erwartungen geprägt ist, sondern von der Freiheit, uns selbst zu leben.

Der wahre Kampf beginnt, wenn wir uns entscheiden, die Maske abzulegen. Doch wie tun wir das? Wie finden wir den Mut, uns in einer Welt zu zeigen, die von uns verlangt, ständig einer bestimmten Rolle gerecht zu werden? Der Weg zur Authentizität ist nicht einfach, und er ist oft von Zweifeln, Ängsten und Unsicherheiten begleitet. Doch er ist der einzige Weg, der uns zu einem Leben führen kann, das nicht von äußeren Vorgaben bestimmt wird.

Die Reise zur Authentizität beginnt mit einer Entscheidung: dem Mut, sich selbst zu zeigen, die Maske abzulegen und sich von den Meinungen und Urteilen anderer zu befreien. Diese Reise erfordert innere Stärke, die Fähigkeit zur Reflexion und die Bereitschaft, sich der Wahrheit zu stellen. Sie bedeutet, uns selbst zu akzeptieren, so wie wir sind, ohne uns ständig nach den Maßstäben anderer zu richten.

Die wahre Freiheit

Die wahre Freiheit beginnt in dem Moment, in dem wir unsere Masken ablegen. Sie beginnt, wenn wir den Mut finden, uns so zu zeigen, wie wir wirklich sind – ohne die ständige Sorge, wie wir von anderen wahrgenommen werden. Es geht darum, uns selbst zu befreien, uns von den Fesseln der Erwartungen und Normen zu lösen und den Raum zu schaffen, in dem wir einfach sein können.

Es ist eine Reise, die oft schmerzhaft ist, denn sie erfordert, dass wir uns von all dem trennen, was uns einst Sicherheit gab. Doch dieser Schmerz ist der Preis der Freiheit. Und es ist ein Preis, den es sich lohnt zu zahlen, wenn wir dadurch endlich unser wahres Selbst finden können.

Die Bedeutung der Reflexion

Um diese Reise anzutreten, müssen wir innehalten und uns Zeit nehmen, darüber nachzudenken, wer wir wirklich sind. Inmitten des Trubels und der Ablenkungen der Welt müssen wir uns die Frage stellen: „Wer bin ich, wenn ich keine Masken trage? Wer bin ich, wenn ich mich nicht nach den Erwartungen anderer richte?" Diese Frage ist nicht einfach zu beantworten, denn sie fordert uns heraus, unsere tiefsten Ängste und Unsicherheiten zu konfrontieren. Doch sie ist der erste Schritt, um die Masken abzulegen und zu unserem wahren Selbst zu finden.

Es ist ein langsamer, oft schmerzhafter Prozess. Aber es ist der Weg zu einem Leben, das nicht von äußeren Erwartungen bestimmt ist, sondern von der Freiheit, uns selbst zu gestalten. Es erfordert Mut, aber auch Geduld – Geduld mit uns selbst und dem Prozess, den wir durchlaufen, wenn wir unser wahres Selbst entdecken.

Die Geschichte von Clara

Clara war ein gutes Beispiel für das Leben hinter einer Maske. Von klein auf wurde sie darauf konditioniert, dass Erfolg der Schlüssel zum Glück war. Sie strebte nach den besten Noten, arbeitete hart, um die perfekte Kollegin zu sein, und später die ideale Ehefrau und Mutter. Doch trotz all ihrer Erfolge und ihres scheinbar perfekten Lebens fühlte sie sich leer. Die ständige Jagd nach Anerkennung und Bestätigung konnte die Leere in ihr nicht füllen.

An dem Tag, als Clara sich im Spiegel betrachtete und ihre eigene Traurigkeit entdeckte, begann für sie die Reise der Selbstentdeckung. Es war der Moment, in dem sie erkannte, dass die Maske, die sie trug, sie von sich selbst entfremdet hatte. Durch die Begegnung mit der älteren Frau im Park, die sie auf ihre Maske hinwies, begann Clara zu verstehen, dass wahre Erfüllung nicht durch Anpassung an die Erwartungen anderer zu finden ist, sondern durch Authentizität und das Akzeptieren des eigenen Selbst.

Dieser Moment markierte den Beginn ihrer Reise, die Masken abzulegen und sich selbst zu finden. Es war nicht einfach, aber Schritt für Schritt begann Clara, sich von den äußeren Erwartungen zu befreien und ihr wahres Selbst zu leben.

Fragen zum Nachdenken
- In welchen Bereichen deines Lebens trägst du eine „Maske"? Welche Erwartungen

nimmst du an und was ist dabei verloren gegangen?

- Wie würdest du dich fühlen, wenn du die Masken, die du täglich trägst, ablegen könntest? Wie würde sich dein Leben verändern?
- Was hindert dich daran, authentischer zu sein? Welche Ängste oder Unsicherheiten halten dich zurück?
- Was würde es für dich bedeuten, nicht mehr nach den Erwartungen anderer zu leben? Welche Freiheiten würdest du gewinnen und welche Verluste müsstest du akzeptieren?

Abschließend: Die Reise zur Authentizität ist eine der wichtigsten, die wir im Leben unternehmen können. Sie erfordert Mut, Geduld und die Bereitschaft, uns von den Fesseln der gesellschaftlichen Normen zu befreien. Doch die Freiheit, die wir dadurch gewinnen, ist unermesslich. Es ist der Weg zu einem erfüllten Leben – zu einem Leben, das wirklich unser eigenes ist.

Die Einsamkeit der Vernetzung – und die Freiheit der Isolation

Die Einsamkeit der Vernetzung – und die Freiheit der Isolation

In einer Gesellschaft, die uns unaufhörlich dazu auffordert, verbunden zu bleiben, wird der Wert der Isolation zunehmend unterschätzt. Wir leben in einer Ära der digitalen Vernetzung, in der Kommunikation so einfach wie nie zuvor ist. Mit wenigen Klicks sind wir mit Freunden, Familie, Kollegen und sogar Fremden aus der ganzen Welt verbunden. Doch inmitten dieser scheinbaren Nähe wächst ein Paradoxon: je mehr wir uns verbinden, desto mehr scheinen wir uns zu isolieren. Unsere sozialen Medien flimmern vor Likes, Kommentaren und Nachrichten, doch trotz dieser ständigen Interaktionen fühlen wir uns oft leer und unerfüllt.

Die Stille hinter der Vernetzung

Moderne Kommunikationsmittel haben unser Leben revolutioniert – wir sind immer erreichbar, immer online, immer in Kontakt. Doch paradoxerweise hat diese ständige Erreichbarkeit auch ihre Schattenseiten. Während wir uns in einer Flut von Nachrichten und Posts bewegen, bleiben tiefere Verbindungen oft auf der Strecke. Die virtuelle Kommunikation, so effizient sie auch sein mag, hat oft wenig mit der Tiefe und Authentizität eines persönlichen Gesprächs zu tun. Es ist, als ob wir uns hinter einer Wand aus Bildern, Texten und Emojis verstecken, die uns zwar eine Fassade der Verbindung geben, aber nie wirklich zu unserem inneren Selbst vordringen.

In der digitalen Welt ist es einfach, sich zu vergleichen. Die perfekt inszenierten Leben, die in unseren Feeds erscheinen, lassen uns oft das Gefühl bekommen, nicht genug zu sein. Wir messen uns an den Erfolgen anderer und streben danach, die perfekte Version unserer selbst zu präsentieren. Doch je mehr wir uns anpassen, desto mehr verlieren wir uns in der Oberflächlichkeit. Die stetige Jagd nach Anerkennung und Bestätigung durch virtuelle Interaktionen lässt uns die tiefere Bedeutung der echten menschlichen Verbindung vergessen.

Die digitale Einsamkeit

Es gibt eine unheimliche Paradoxie in der digitalen Welt: je mehr „Freunde" wir online haben, desto einsamer fühlen wir uns. Wir haben Zugang zu Tausenden Verbindungen, doch diese bleiben oft flach und wenig substanziell. Wir chatten, liken und posten, aber die echte, lebendige Verbindung bleibt aus. Echte Nähe entsteht nur durch den Austausch von Emotionen, Gedanken und Erlebnissen – nicht durch das bloße Teilen von Bildern und Status-Updates.

In dieser ständigen Vernetzung verlieren wir uns selbst. Die digitalen Netzwerke rauben uns den Raum für tiefe Selbstreflexion und Authentizität. Wir reagieren nur noch auf Nachrichten, anstatt uns Zeit zu nehmen, zu fühlen und zu denken. Wir sind immer erreichbar, doch die wahre Verbindung zu uns selbst und anderen bleibt auf der Strecke. Und so entsteht eine paradoxe Einsamkeit: Wir sind nie wirklich alleine, doch wir fühlen uns zunehmend entfremdet – von uns selbst und der Welt um uns herum.

Die Befreiung durch freiwillige Isolation

In einem Umfeld, das uns ständig dazu drängt, präsent und verfügbar zu sein, kann der freiwillige Rückzug in die Isolation eine befreiende Erfahrung sein. Isolation wird oft als etwas Negatives betrachtet – ein Zustand der Einsamkeit, den es zu vermeiden gilt. Doch es gibt eine andere Sichtweise: Die freiwillige Isolation kann uns den Raum geben, den wir brauchen, um uns selbst wiederzufinden. Es ist ein Moment des Innehaltens, in dem wir uns bewusst von der Außenwelt zurückziehen und uns mit uns selbst beschäftigen.

Isolation kann uns die Freiheit schenken, uns von äußeren Erwartungen und den ständigen Ablenkungen der digitalen Welt zu befreien. Sie ermöglicht es uns, zu reflektieren, zu atmen und in uns selbst hineinzuhören. In der Stille finden wir Klarheit, die in der hektischen Vernetzung oft verloren geht. In der Isolation hören wir auf die leisen Töne in uns, die oft von den lauten Stimmen der sozialen Medien und der Gesellschaft übertönt werden.

In dieser Isolation können wir uns selbst begegnen – ohne die Maske der sozialen Anpassung, ohne das Bedürfnis, perfekt zu sein. Es ist ein Akt der Selbstfürsorge, der uns hilft, uns zu regenerieren und zu zentrieren. Der Druck, immer präsent und erreichbar zu sein, fällt von uns ab. Wir entdecken, dass es auch im Alleinsein Schönheit gibt. Die wahre Freiheit liegt darin, uns nicht von der Welt definieren zu lassen, sondern uns selbst zu entdecken, ohne die ständige Bewertung durch andere.

Der Rückzug als Weg zur Selbstfindung

Ich selbst habe diese Erfahrung gemacht, als ich mich nach Jahren der digitalen Überflutung entschied, für eine Woche in völlige Isolation zu gehen. Es war eine Zeit, in der die ständige Erreichbarkeit und die Erwartungen, die an mich gestellt wurden, mich erschöpften. Die digitale Welt war allgegenwärtig – E-Mails, soziale Medien, Anrufe – ich konnte nie wirklich abschalten. Doch trotz dieser ständigen Kommunikation fühlte ich mich leer und erschöpft. Ich spürte, wie ich mich selbst verlor.

Also entschied ich mich, für eine Woche auf Hiddensee, einer kleinen Insel in der Ostsee, in völliger Isolation zu leben. Keine Internetverbindung, kein Empfang, keine E-Mails – nur ich, die Natur und die Stille. Ich buchte eine kleine Pension, die ausdrücklich ohne digitalen Anschluss war, und wusste, dass dies genau der Rückzug war, den ich brauchte. Die ersten Stunden fühlte ich mich seltsam, fast verloren, ohne meine gewohnte digitale Welt. Doch mit der Zeit begann ich zu merken, wie die Stille um mich herum mir half, mich zu sammeln.

Der Weite des Meeres, das Rauschen der Wellen und die ungestörte Ruhe der Insel halfen mir, wieder zu mir selbst zu finden. In der Isolation fand ich Klarheit und Inspiration, die ich lange vermisst hatte. Ich konnte meine eigenen Gedanken hören, ohne dass sie von der digitalen Welt beeinflusst wurden. Ich begann zu reflektieren und erkannte, wie wichtig es war, sich ab und zu von der Welt zurückzuziehen, um sich selbst zu spüren und wieder zu zentrieren.

Die Kunst der Balance

Die wahre Kunst liegt in der Balance. Isolation ist nicht die Antwort auf alle Probleme, aber sie kann ein wertvolles Werkzeug zur Selbstfürsorge und Selbstfindung sein. In einer Welt, die von ständiger Erreichbarkeit und digitaler Präsenz geprägt ist, müssen wir lernen, wann es gesund ist, uns zurückzuziehen und wann es notwendig ist, den Kontakt zu anderen zu suchen. Isolation sollte nicht als Flucht verstanden werden, sondern als ein aktiver Schritt zur Selbstreflexion und Selbstheilung.

Die wahre Herausforderung liegt darin, die Balance zwischen Vernetzung und Isolation zu finden. Wir müssen uns bewusst die Zeit nehmen, uns von der digi-

talen Welt zu distanzieren und in uns selbst hineinzuhören, ohne uns von der ständigen Ablenkung der Außenwelt berauben zu lassen. In dieser Balance finden
wir die Freiheit, die wir brauchen – die Freiheit, uns
selbst zu entdecken, ohne die ständige Sorge, was andere über uns denken.

Fragen zum Nachdenken:

- Wie fühlst du dich in deiner digitalen Vernetzung? Fühlst du dich wirklich verbunden
oder eher isoliert?
- Wann hast du zuletzt bewusst Zeit für dich
selbst genommen, um dich von der Welt zu
distanzieren und zu reflektieren?
- Welche Aspekte der Isolation haben dir ge-
holfen, dich auf das Wesentliche zu besinnen
und dein inneres Gleichgewicht wiederzufinden?
- Wie kannst du den Wert der freiwilligen Isolation in dein Leben integrieren, ohne dich
von anderen zu entfremden?

Die Suche nach Authentizität – Der Weg zur wahren Identität

Die Suche nach Authentizität – Der Weg zur wahren Identität

Die moderne Welt ist geprägt von einer Vielzahl an äußeren Einflüssen, die oft unsere Wahrnehmung und unser Verhalten bestimmen. Inmitten dieser vielen äußeren Erwartungen und Normen wird es immer schwieriger, unsere wahre Identität zu erkennen und zu leben. Doch der Weg zu einer authentischen Existenz beginnt nicht in der Außenwelt, sondern in uns selbst. Es ist ein innerer Prozess, der uns dazu auffordert, die äußeren Lärmquellen zu hinterfragen und uns der Stille des eigenen Selbst zuzuwenden.

Bewusstsein als Schlüssel zur Authentizität

Der erste Schritt auf diesem Weg ist das Bewusstsein – das sich selbst wahrnehmen, wirklich zuhören und auf sich selbst achten. Was fühle ich? Was denke ich? Was sind meine wahren Wünsche und Werte, abgesehen von den Vorstellungen, die mir von außen auferlegt wurden? Dieses Bewusstsein ist der Schlüssel zur Authentizität, denn nur wer sich seiner selbst bewusst ist, kann anfangen, seine wahre Identität zu entfalten.

Viele Menschen leben ohne diese Selbstwahrnehmung. Sie existieren oft im Zustand der Unreflektiertheit, gesteuert von den Erwartungen der Gesellschaft, der Familie, oder sogar von der Vorstellung, wie sie von anderen wahrgenommen werden wollen. In diesem Zustand der Unbewusstheit sind wir weit entfernt von Authentizität. Die Entfaltung unseres wahren Selbst kann nur dann beginnen, wenn wir uns von den äußeren Normen und Druckmechanismen distanzieren und lernen, unsere eigenen Bedürfnisse und Wünsche zu erkennen.

Die Herausforderung der äußeren Erwartungen

In der heutigen Gesellschaft gibt es unzählige Vorgaben und Maßstäbe, die uns beeinflussen und uns dazu drängen, bestimmte Rollen zu übernehmen. Sei es im Job, in Freundschaften oder in der Familie – überall werden wir mit Erwartungen konfrontiert, wie wir zu handeln, zu denken und zu leben haben. Diese äußeren Erwartungen verstellen uns oft den Blick auf das, was wir wirklich sind.

Die wahre Herausforderung auf dem Weg zur Authentizität liegt daher im Widerstand gegen diese äußeren Einflüsse. Es geht darum, den Mut zu finden, die Masken, die wir aus Bequemlichkeit oder Angst tragen, abzulegen. Diese Masken mögen uns vielleicht kurzfristige Anerkennung verschaffen, doch sie hindern uns daran, unser wahres Selbst zu erkennen. Der Weg zur Authentizität erfordert, dass wir diese Masken nicht nur abnehmen, sondern uns bewusst mit den dahinter liegenden Ängsten, Wünschen und Vorstellungen auseinandersetzen.

Der Wunsch nach Selbstverwirklichung

Selbstverwirklichung ist mehr als nur ein Ideal – es ist ein innerer Wunsch, im Einklang mit unserem wahren Selbst zu leben. Dieser Wunsch entsteht aus der Erkenntnis, dass unser Verhalten, unsere Gedanken und unsere Handlungen oft von äußeren Normen beeinflusst sind. Nur wer sich dieser äußeren Einflussnahme bewusst ist, kann sich von ihr befreien und den eigenen, authentischen Weg gehen.

Selbstverwirklichung ist nicht einfach ein Ziel, das wir erreichen, sondern ein fortwährender Prozess des Entdeckens und Entwickelns. Um diesen Prozess zu beginnen, müssen wir bereit sein, den Mut zur Selbstreflexion zu haben – den Mut, uns selbst ehrlich zu betrachten und anzuerkennen, welche Teile von uns vielleicht nur das Produkt von gesellschaftlichen Erwartungen sind.

Der Weg zur Authentizität

Der Weg zur Authentizität ist selten gerade und klar, sondern vielmehr ein Prozess des ständigen Hinterfragens und Überprüfens. Es beginnt mit den einfachen, aber tiefgehenden Fragen: „Wer bin ich wirklich?" „Was sind meine wahren Werte?" „Was möchte ich im Leben wirklich erreichen?" Diese Fragen können zu Beginn vielleicht verwirrend und herausfordernd erscheinen, doch sie sind notwendig, um zu verstehen, was unser wahres Selbst ausmacht.

Authentizität bedeutet nicht, eine statische Identität zu bewahren, sondern im Einklang mit unseren eigenen Werten zu leben – und zwar auch in einer Welt, die ständig neue Anforderungen an uns stellt. Es bedeutet, offen für Veränderung zu sein und die Bereitschaft zu haben, sich immer wieder neu zu definieren. Doch die Grundlage dieser Veränderung ist immer die innere Wahrheit und das Wissen darüber, wer wir wirklich sind und was wir im Leben suchen.

Die Befreiung durch Authentizität

Wenn wir uns selbst in all unserer Komplexität annehmen, erleben wir eine tiefe Befreiung. Diese Freiheit ist nicht das Fehlen von Herausforderungen oder Konflikten, sondern die Freiheit, uns selbst treu zu bleiben, auch wenn es schwerfällt. Authentizität befreit uns von der Notwendigkeit, uns zu verstellen oder den Erwartungen anderer gerecht zu werden. Stattdessen können wir in unserer vollen Menschlichkeit leben – mit allen Stärken und Schwächen, mit all unseren Freuden und Ängsten.

Die Befreiung, die durch Authentizität entsteht, ist nicht immer einfach. Oft müssen wir uns gegen den Druck der äußeren Welt stellen und gegen die eigenen, tief verwurzelten Ängste kämpfen. Doch wenn wir diesen Weg gehen, erleben wir eine Erfüllung, die weit über äußere Bestätigungen hinausgeht. Wir erleben eine innere Ruhe, weil wir uns selbst gefunden haben.

Die Suche nach Authentizität – Der Weg zur wahren Identität

Inmitten der hektischen Straßen Berlins lebt Jakob, ein Mann Mitte 30, der sich zunehmend mit der Frage auseinandersetzt, wer er wirklich ist und was er im Leben erreichen möchte. Wie viele Menschen in der Großstadt, fühlt er sich von äußeren Erwartungen und gesellschaftlichen Normen umzingelt. Er arbeitet in einer erfolgreichen Marketingagentur und ist bekannt für seine scharfsinnigen Ideen und seine Fähigkeit, Kunden zu gewinnen. Doch hinter dieser glänzenden Fassade verbirgt sich ein Gefühl der Unzufriedenheit – das Gefühl, eine Rolle zu spielen, die nicht wirklich zu ihm passt.

Jakob lebt in einer modernen Wohnung im Stadtteil Kreuzberg, umgeben von Menschen, die ebenso wie er ständig auf der Suche nach Erfolg und Anerkennung sind. Jeden Tag pendelt er durch die Straßen Berlins, läuft an Cafés und Bars vorbei, wo Menschen in endlosen Gesprächen ihre Ideen und Wünsche austauschen. Doch trotz der vielen Gespräche fühlt sich Jakob immer wieder einsam, als ob er nicht wirklich gehört wird, als ob er sich hinter einer Maske versteckt.

Bewusstsein als Schlüssel zur Authentizität

Eines Abends, nach einem besonders anstrengenden Tag im Büro, setzt sich Jakob auf die Bank am Landwehrkanal, um nachzudenken. Der kalte Wind weht durch sein Haar, und die Lichter der Stadt spiegeln sich im Wasser. In diesem Moment kommt ihm die Erkenntnis: „Wer bin ich wirklich? Was will ich vom Leben?" Er spürt, wie der Druck der äußeren Erwartungen ihn immer mehr erdrückt.

Jakob hat nie wirklich darüber nachgedacht, wer er außerhalb seiner beruflichen Identität ist. Er hat seine Werte, Wünsche und Ängste immer den Vorstellungen anderer angepasst. Doch nun, am Ufer des Kanals, fühlt er sich bereit, diese Fragen zu stellen. Der erste Schritt auf dem Weg zur Authentizität ist das Bewusstsein. Das Bewusstsein darüber, dass er sich in einer Rolle befindet, die nicht wirklich er selbst ist. Dass er sich so verhalten hat, wie es von ihm erwartet wurde, um Anerkennung zu finden.

Die Herausforderung der äußeren Erwartungen

Jakob kennt die Erwartungen, die ihm von außen auferlegt werden – sei es von seinen Eltern, die ihn als erfolgreichen Geschäftsmann sehen wollen, oder von seinen Kollegen, die ihn als kreativen Kopf bewundern. Doch tief in ihm weiß er, dass er sich oft nur an diesen Erwartungen orientiert hat, um nicht aus der Reihe zu tanzen. In der Arbeit spielt er eine Rolle, die ihm Erfolg bringt, aber keine Erfüllung. Zu Hause, bei Freunden, trägt er die Maske des immer gut gelaunten, selbstbewussten Mannes, obwohl er sich innerlich leer fühlt.

Der Wendepunkt kommt, als Jakob auf einer Party inmitten der Mitte einem alten Freund, Felix, begegnet. Felix ist ein Künstler, der in Berlin lebt, aber nicht dem traditionellen Erfolgsgedanken folgt. Statt teurer Anzüge trägt er Second-Hand-Kleidung und spricht oft über das Leben, das er führt, ohne sich um materielle Erfolge zu kümmern. Felix hat die Fähigkeit, sich selbst treu zu bleiben, und das fasziniert Jakob.

„Warum musst du immer so perfekt sein?" fragt Felix ihn eines Abends. „Warum lässt du nicht einfach los und lebst das Leben, das dich wirklich erfüllt?"

Diese Frage trifft Jakob wie ein Schlag. Er beginnt, über sein Leben nachzudenken, über die Dinge, die ihn wirklich glücklich machen. Was möchte er vom Leben? Will er weiter in der Marketingagentur arbeiten und den gesellschaftlichen Erwartungen entsprechen, oder will er den Mut finden, seiner wahren Identität zu folgen?

Der Wunsch nach Selbstverwirklichung

Der Wunsch nach Selbstverwirklichung ist der nächste Schritt auf Jakobs Reise. Er merkt, dass er mehr will, als nur ein erfolgreiches berufliches Leben zu führen. Er möchte in Einklang mit sich selbst leben, seine eigenen Werte und Wünsche erkennen und nicht nur das Leben führen, das ihm von anderen vorgegeben wird.

Jakob beginnt, seine Freizeit anders zu gestalten. Statt an den Wochenenden in überfüllten Bars zu sein, trifft er sich mit Felix und anderen kreativen Köpfen in kleinen Ateliers, diskutiert Kunst und Philosophie. Er entdeckt eine neue Welt der Möglichkeiten und der Selbstverwirklichung. Doch je mehr er sich mit dieser Neuen Welt auseinandersetzt, desto mehr wird ihm klar, dass der Weg zur Authentizität nicht einfach ist.

Es bedeutet, die Komfortzone zu verlassen, sich den eigenen Ängsten zu stellen und sich von den äußeren Normen zu befreien. Es ist ein Akt des Mutes, sich von den sicheren, gewohnten Pfaden zu lösen und sich auf unbekannte Wege zu begeben.

Der Weg zur Authentizität

Der Weg zur Authentizität ist für Jakob ein fortlaufender Prozess. Jeden Tag stellt er sich neuen Fragen: „Was macht mich glücklich? Was ist wirklich wichtig für mich?" Es ist nicht immer leicht, diese Fragen zu beantworten, doch mit jeder Antwort kommt er ein Stück näher an seine wahre Identität. In Gesprächen mit Freunden, in stillen Momenten für sich selbst und beim Schreiben in seinem Tagebuch findet Jakob immer mehr Klarheit darüber, wer er wirklich ist.

Er beginnt, die Fassade der Erfolgsgesellschaft zu hinterfragen und sich von den äußeren Erwartungen zu befreien. Doch der Weg ist alles andere als linear. An manchen Tagen fühlt er sich sicher in seiner Entscheidung, die Masken abzulegen, an anderen zweifelt er an sich selbst und fragt sich, ob er nicht doch wieder in das alte Leben zurückkehren sollte.

Die Befreiung durch Authentizität

Der wahre Moment der Befreiung kommt, als Jakob beschließt, seinen Job in der Marketingagentur aufzugeben. Stattdessen möchte er seine Leidenschaft für Fotografie und Kunst zum Beruf machen. Es ist ein Schritt in die Ungewissheit, aber es fühlt sich richtig an. Endlich kann er das Leben führen, das er sich immer gewünscht hat, ohne sich ständig hinter einer Fassade verstecken zu müssen.

Die ersten Monate sind herausfordernd. Es gibt Rückschläge, finanzielle Unsicherheiten und Momente des Zweifelns. Doch Jakob weiß jetzt, dass er auf dem richtigen Weg ist – dem Weg zu einem authentischen Leben, in dem er sich selbst und seinen wahren Werten treu bleibt.

Fragen zum Nachdenken:

- Wie bewusst bist du dir deiner eigenen Werte und Überzeugungen? In welchen Bereichen deines Lebens könntest du mehr Bewusstsein entwickeln?
- Fühlst du dich oft von äußeren Erwartungen beeinflusst? Wie kannst du diesen Druck überwinden, um authentischer zu leben?
- In welchen Momenten hast du das Gefühl, authentisch zu handeln? Wie kannst du mehr solcher Momente in dein Leben integrieren?

Die Macht der Entscheidungen – Verantwortung für das eigene Leben übernehmen

Die Macht der Entscheidungen – Verantwortung für das eigene Leben übernehmen

Das Leben besteht aus einer endlosen Kette von Entscheidungen. Einige sind klein und scheinbar unbedeutend, andere wiederum sind von enormer Tragweite. Doch eines ist klar: Jede Entscheidung prägt unser Leben und führt uns einen Schritt näher zu dem, was wir werden können. Die Macht der Entscheidungen liegt in unserer Hand – doch oft ist uns diese Macht nicht bewusst. In einer Welt, die von äußeren Einflüssen und Ablenkungen geprägt ist, ist es leicht, Entscheidungen anderen zu überlassen. Doch nur wenn wir die Verantwortung für unsere eigenen Entscheidungen übernehmen, können wir wirklich authentisch leben und unsere wahre Bestimmung finden.

Entscheidungen und ihre Auswirkungen

Jede Entscheidung, die wir treffen, hat Auswirkungen – nicht nur auf uns selbst, sondern auch auf unser Umfeld und die Welt um uns herum. Die meisten Entscheidungen, die wir treffen, sind jedoch nicht das Ergebnis einer bewussten Reflexion, sondern eher eine Reaktion auf äußere Umstände oder die Erwartungen anderer. Wir leben oft in einem Zustand der Passivität, in dem wir das Gefühl haben, dass das Leben einfach geschieht, und wir darauf reagieren müssen.

Doch jede Entscheidung ist eine Chance, unsere Zukunft aktiv zu gestalten. Sie kann uns entweder näher zu unserer wahren Identität führen oder uns weiter von ihr entfernen. Die Entscheidung, uns mit den richtigen Menschen zu umgeben, die Entscheidung, unsere Zeit sinnvoll zu investieren, oder die Entscheidung, für unsere Werte einzutreten – all diese Entscheidungen bestimmen unseren Weg.

Die Verantwortung für die eigenen Entscheidungen

Verantwortung zu übernehmen bedeutet, sich der Konsequenzen unserer Handlungen bewusst zu sein und die Kontrolle über unser Leben zurückzugewinnen. Es ist einfach, die Verantwortung für das eigene Leben abzugeben – sei es an andere Menschen, an die

Umstände oder an das Schicksal. Doch dies führt nur dazu, dass wir uns selbst als passive Akteure im eigenen Leben erleben.

Verantwortung zu übernehmen bedeutet, die Kontrolle über unser Leben zurückzuerlangen. Es bedeutet, dass wir uns nicht mehr von den Erwartungen anderer oder von äußeren Umständen leiten lassen, sondern uns bewusst für den Weg entscheiden, den wir gehen wollen. Wenn wir Verantwortung übernehmen, schaffen wir die Grundlage für ein authentisches Leben – ein Leben, das im Einklang mit unseren wahren Werten und Zielen steht.

Die Angst vor Entscheidungen

Die Angst, die mit Entscheidungen einhergeht, ist ein weitverbreitetes Phänomen. Entscheidungen können uns verunsichern, weil wir die möglichen Konsequenzen oft nicht vollständig überblicken. Was, wenn wir die falsche Wahl treffen? Was, wenn wir uns für den falschen Weg entscheiden und dadurch unser Leben zerstören?

Diese Ängste sind völlig normal, doch sie dürfen uns nicht lähmen. Die Angst vor Entscheidungen entsteht oft aus der Vorstellung, dass es einen „perfekten"

Weg gibt, der uns garantiert zu einem glücklichen und erfüllten Leben führt. In Wirklichkeit gibt es keine perfekten Entscheidungen, sondern nur Entscheidungen, die uns auf unserem Weg weiterbringen – auch wenn dieser Weg manchmal durch Fehler und Rückschläge führt.

Es ist wichtig zu verstehen, dass jede Entscheidung, die wir treffen, ein Schritt in unsere persönliche Entwicklung ist. Auch wenn wir Fehler machen, lernen wir daraus und wachsen. Die Kunst des Lebens liegt darin, zu handeln, auch wenn wir nicht alle Antworten haben, und sich auf das Ungewisse einzulassen.

Entscheidungsfreiheit und das wahre Leben

Die Freiheit, Entscheidungen zu treffen, ist eines der größten Geschenke, die uns das Leben bietet. Doch diese Freiheit ist nur dann von Bedeutung, wenn wir sie auch wirklich nutzen. Wenn wir uns entscheiden, bewusst zu leben, beginnen wir, die Kontrolle über unser Leben zurückzugewinnen. Wir erkennen, dass wir nicht Opfer der Umstände sind, sondern aktive Gestalter unseres Lebens.

Die Entscheidung, authentisch zu leben, ist die wichtigste Entscheidung, die wir treffen können. Sie bedeutet, dass wir uns von den äußeren Erwartungen und Zwängen befreien und unsere eigene Wahrheit leben. Es ist eine Entscheidung, die uns ermächtigt und die uns den Weg zu einem erfüllten Leben zeigt.

Eine Geschichte aus dem Leben von Clara

Clara stand vor einer schwierigen Entscheidung. Seit Jahren arbeitete sie in einem großen Unternehmen in Berlin, einem Job, der sie finanziell absicherte, aber innerlich leer ließ. Ihr Herz brannte nicht für die Projekte, an denen sie arbeitete, und die ständigen Überstunden nahmen ihr immer mehr die Luft zum Atmen. Doch sie hatte Angst. Die Angst, den sicheren Job aufzugeben und in eine ungewisse Zukunft zu blicken. Sie hatte immer davon geträumt, ihre eigene Kunstgalerie zu eröffnen und Menschen mit kreativen Arbeiten zu inspirieren, aber der Gedanke an das Scheitern, an finanzielle Unsicherheit und an die gesellschaftlichen Erwartungen, erfolgreich zu sein, hielten sie zurück.

Eines Abends saß Clara mit einer Tasse Tee am Fenster ihrer Wohnung im Herzen Berlins. Der Blick auf die beleuchteten Straßen und das hektische Treiben der Stadt ließ sie nachdenken. Sie erinnerte sich daran, wie sie als Kind immer wieder in ihrer Freizeit zeichnete und malte, wie sie stundenlang in Museen verbrachte und die Werke großer Künstler studierte. Es war immer ihre Leidenschaft gewesen. Doch je älter sie wurde, desto mehr ließ sie sich von der Idee treiben, dass man im Leben „etwas Solides" braucht, etwas, das einen finanziell absichert. Und so landete sie in einem Job, der sie zwar ernährte, aber nie erfüllte.

An diesem Abend entschloss sich Clara, endlich die Verantwortung für ihre eigene Entscheidung zu übernehmen. Sie rief ihre Mutter an und erzählte ihr von ihren Überlegungen, die Galerie zu eröffnen. Ihre Mutter hörte geduldig zu, und Clara merkte, wie wichtig es war, sich mit jemandem auszutauschen. Ihre Mutter war zwar besorgt um die finanzielle Sicherheit, doch sie sagte: „Du musst auf dein Herz hören. Das Leben ist zu kurz, um in einem Job zu bleiben, der dich nicht glücklich macht. Du hast nur dieses eine Leben."

Am nächsten Morgen kündigte Clara ihren Job und begann, sich auf ihre Galerie vorzubereiten. Es war nicht einfach, und die ersten Monate waren von Zweifeln und Rückschlägen geprägt. Aber sie fühlte sich befreit. Sie hatte die Verantwortung für ihre Entscheidungen übernommen und das Steuer ihres Lebens in die Hand genommen. Sie kämpfte für ihre Vision und schaffte es schließlich, ihre Galerie zu eröffnen – und sie wurde ein Erfolg.

Clara hatte gelernt, dass es nicht immer den „richtigen" Zeitpunkt gibt, um Entscheidungen zu treffen. Man muss sich manchmal einfach der Angst stellen und handeln. Sie hatte die Verantwortung übernommen, ihre Träume zu verwirklichen, und fand in der Ungewissheit das wahre Leben.

Fragen zum Nachdenken

- Welche Entscheidungen in deinem Leben haben dich am meisten geprägt? Hattest du das Gefühl, diese Entscheidungen bewusst getroffen zu haben, oder warst du eher passiv in deiner Wahl?

- Fühlst du dich oft von der Angst vor Entscheidungen blockiert? Wie kannst du lernen, diese Angst zu überwinden und Entscheidungen mit Vertrauen zu treffen?

- Welche Bereiche deines Lebens fordern dich dazu auf, mehr Verantwortung zu übernehmen? Wo könntest du bewusstere Entscheidungen treffen?

Die Illusion des Perfektionismus – Die Befreiung durch Akzeptanz und das Streben nach Exzellenz

Die Illusion des Perfektionismus – Die Befreiung durch Akzeptanz und das Streben nach Exzellenz

Perfektionismus wird oft als etwas Negatives dargestellt – als eine Quelle von Stress, Überforderung und ungesunder Selbstkritik. Doch Perfektionismus ist nicht per se schlecht. In vielen Bereichen, wie der Medizin, der Kunst oder in hochprofessionellen Berufen, ist ein gewisses Maß an Perfektion notwendig. Es geht nicht darum, Fehler zu vermeiden um ihrer selbst willen, sondern darum, Exzellenz zu erreichen und das Beste aus den eigenen Fähigkeiten herauszuholen. Die wahre Herausforderung liegt darin, den gesunden Perfektionismus von einem destruktiven Perfektionismus zu unterscheiden, der uns in eine Spirale der Unzufriedenheit führt.

Der positive Perfektionismus – Ein Streben nach Exzellenz

Perfektionismus kann in vielen Fällen der Wunsch nach Exzellenz sein. In Bereichen wie der Chirurgie, der Kunst oder auch in der Technik ist ein hohes Maß an Präzision notwendig, um Qualität und Sicherheit zu gewährleisten. Hier ist Perfektionismus nicht nur angebracht, sondern wird als Maßstab für gutes Handwerk und professionelle Kompetenz angesehen.

Ein perfektionistischer Ansatz kann auch in kreativen Prozessen sehr bereichernd sein. Wenn du zum Beispiel Grafiken oder Kunstwerke erschaffst, geht es nicht darum, Fehler zu vermeiden, sondern darum, mit Detailtreue und Hingabe ein Ergebnis zu erzielen, das sowohl ästhetisch als auch ausdrucksstark ist. In solchen Momenten ist Perfektionismus weniger eine Last, sondern eine Lebensform, die Qualität und Liebe zum Detail widerspiegelt.

Der destruktive Perfektionismus – Der Druck, Fehler zu vermeiden

Destruktiver Perfektionismus entsteht oft aus der Angst vor Misserfolg oder der Vorstellung, dass nur der fehlerfreie Mensch einen Wert hat. Hier ist Perfektionismus nicht mehr eine Frage des Strebens nach Qualität, sondern eine endlose Jagd nach einem idealisierten Zustand, der nie erreicht werden kann. In diesem Fall führt Perfektionismus zu Überforderung, Selbstkritik und Unzufriedenheit, weil der Perfektionist ständig an sich selbst zweifelt und niemals wirklich zufrieden ist, selbst mit guten Ergebnissen.

Destruktiver Perfektionismus kann auch zur Vermeidung führen, weil die Angst vor Fehlern und das Gefühl, nicht genug zu sein, uns lähmt. In solchen Fällen kann Perfektionismus die eigene Kreativität und Lebensfreude einschränken, statt sie zu fördern.

Die Balance finden – Akzeptanz als Schlüssel zur Freiheit

Es ist möglich, den positiven Perfektionismus zu nutzen, ohne in den destruktiven Perfektionismus zu verfallen. Der Schlüssel liegt in der Akzeptanz der eigenen Fehler und der Bereitschaft, sich von der Vorstellung zu lösen, dass wir in allem, was wir tun, perfekt sein müssen.

Akzeptanz bedeutet nicht, dass wir uns mit weniger als dem Besten zufriedengeben. Vielmehr geht es darum, den Prozess des Strebens nach Exzellenz zu schätzen und uns selbst nicht für jeden Fehler zu verurteilen. Wir können Fehler als Teil des Lernprozesses betrachten, die uns weiterbringen, anstatt uns als Scheitern zu sehen.

Die Balance zwischen Akzeptanz und dem Streben nach Exzellenz ist der Weg zu einem gesunden Perfektionismus, der uns sowohl erfüllt als auch vor Erschöpfung schützt.

Perfektionismus als Teil eines erfüllten Lebens

Im Leben gibt es Momente, in denen wir uns für Perfektion einsetzen – sei es bei der Arbeit, in unseren kreativen Projekten oder bei der Fürsorge für andere. Doch Perfektionismus sollte niemals das Ziel selbst sein, sondern ein Werkzeug, das uns hilft, unsere bestmögliche Leistung zu erbringen. In diesem Sinne ist Perfektionismus nicht der Feind, sondern ein wertvolles Mittel, das uns zu großen Leistungen führen kann.

Es ist die Fähigkeit, sich selbst zu reflektieren und auch die eigenen Unvollkommenheiten zu akzeptieren, die uns letztlich zur Freiheit führt. Der Weg der Authentizität und Selbstverwirklichung ist nicht der Weg der Perfektion, sondern der Weg der guten Entscheidungen und des stetigen Lernens.

Die Geschichte von Lina und dem Garten der Unvollkommenheiten

Lina hatte immer das Gefühl, dass ihr Leben einem präzisen Plan folgen sollte. Als Kind und Jugendliche hatte sie oft ihre Kunstwerke und Aufsätze wieder und wieder überarbeitet, um sie perfekter zu machen. Sie wollte immer die Beste in allem sein – in der Schule, im Sport und später in ihrem Beruf als Landschaftsarchitektin. Doch trotz all ihrer Mühen und Anstrengungen konnte sie nie ganz zufrieden sein. Etwas stimmte nie. Die Linien in ihren Entwürfen waren nicht perfekt gerade, die Blumen in ihren Gärten passten nicht immer so zusammen, wie sie es sich vorgestellt hatte, und oft musste sie die Pläne immer wieder ändern, weil sie das Gefühl hatte, das ultimative „perfekte" Design bisher nicht gefunden zu haben.

Eines Sommermorgens entschied sich Lina, einen alten Garten zu besuchen, den sie vor Jahren entworfen hatte, als sie noch ganz frisch in ihrem Beruf war. Es war ein Garten, der aus vielen verschiedenen Pflanzenarten bestand, die wild miteinander wuchsen, sich überstiegen und miteinander harmonierten – aber nicht im Sinne einer geordneten Planung. Der Garten war „unperfekt", zumindest nach den Maßstäben, die Lina sich selbst auferlegt hatte. Der Wildwuchs von Efeu, das anarchische Miteinander der Rosen und der farbenfrohe, aber chaotische Mix aus Gräsern und Stauden war weit entfernt von dem strengen Design, das sie heute bevorzugte.

Doch als sie den Garten betrat, fühlte sie etwas, das sie schon lange nicht mehr empfunden hatte: Frieden. Der Garten war lebendig, organisch, unvollkommen – aber genau das machte ihn so schön. Während Lina von einem Bereich des Gartens zum nächsten ging, spürte sie die Energie der Pflanzen, das Leben, das zwischen den Ecken und Kanten flirrte. In diesem Garten war Perfektion nicht der Maßstab für Schönheit – es war die Vielfalt, das Spontane, das aus dem Unvollkommenen wuchs.

Sie setzte sich auf eine Bank und beobachtete einen Schmetterling, der sich auf eine der unregelmäßig blühenden Blumen setzte. Es war, als ob die Blumen und die Pflanzen einander in ihrer Unvollständigkeit unterstützten und so eine lebendige, unaufdringliche Harmonie erschufen. Lina begann zu verstehen, dass das Streben nach Perfektion sie immer mehr von der wahren Schönheit des Lebens entfremdet hatte. Vielleicht war es nicht das perfekte Design, das einen Garten wirklich lebendig machte, sondern die Akzeptanz der Natur, die sich ihren eigenen Weg bahnte.

Die Erinnerung an ihre frühen Entwürfe, bei denen sie ständig versuchte, alles perfekt zu machen, weckte ein Gefühl der Nostalgie, aber auch der Erleichterung. Sie hatte damals geglaubt, dass sie in allem Fehler vermeiden musste, um etwas Wertvolles zu schaffen. Doch nun wusste sie, dass es die kleinen „Fehler" in ihren Entwürfen waren, die oft den Unterschied ausmachten. Es war der Moment, wenn eine Pflanze unvorhergesehen wuchs und damit einen neuen, unerforschten Bereich des Gartens schuf. Es war der unregelmäßige Verlauf des Pfades, der den Garten lebendig und einladend machte.

Lina beschloss an diesem Tag, den Garten noch einmal neu zu gestalten – aber dieses Mal sollte es kein Plan für ein perfektes, statisches Design sein. Es sollte ein Raum werden, in dem jeder Baum, jede Blume, jedes Gras das Recht hatte, sich selbst zu entfalten, ohne Angst vor Fehlern oder Unvollkommenheiten. Sie wollte einen Garten schaffen, der der Natur selbst vertraute, sich ihrem Rhythmus hingab und in seiner Unvollständigkeit eine ganz eigene Vollkommenheit fand.

Und so begann Lina, ihre Arbeit mit einer neuen Perspektive zu gestalten. Sie ließ zu, dass Fehler Teil des Prozesses wurden und entdeckte in dieser Freiheit eine tiefere Form der Kreativität. Als sie ihren ersten Garten mit dieser Philosophie vollendete, fühlte sie eine Freude und Erfüllung, die sie zuvor nie gekannt hatte. Der Garten war nicht perfekt – er war etwas viel Wichtigeres: lebendig und voller Geschichten, die nur

durch Akzeptanz und das Streben nach Exzellenz inmitten der Unvollkommenheit entstehen konnten.

Fragen zum Nachdenken

1. In welchen Bereichen deines Lebens strebst
   du nach Perfektion? Wie kannst du sicherstellen, dass dies aus einem gesunden
   Wunsch nach Exzellenz und nicht aus Angst
   oder Zwang geschieht?
2. Wie könntest du lernen, Fehler als wertvolle
   Lektionen zu akzeptieren, anstatt sie als Ver-
   sagen zu sehen?
3. Welche Rolle spielt Perfektionismus in deinem kreativen oder beruflichen Prozess und
   wie kannst du sicherstellen, dass er dich
   nicht überfordert?

Perfektionismus ist definitiv ein zweischneidiges
Schwert, und die Kunst besteht darin, ihn in den richtigen Momenten und auf gesunde Weise zu nutzen. Lina
hat durch ihre Reise gelernt, dass wahre Exzellenz
nicht durch den ständigen Drang nach Perfektion, sondern durch die Akzeptanz der eigenen Unvollkommenheit und das Vertrauen in den natürlichen Prozess
des Wachstums entsteht. Indem sie ihre eigenen Fehler
umarmte, fand sie den Weg zu einem erfüllteren, krea-
tiveren Leben.

Der Sog der Bestätigung

Der Sog der Bestätigung

In der jetzigen Epoche in der soziale Medien allgegenwärtig sind und fast jeder Schritt dokumentiert
wird, fällt es uns zunehmend schwer, dem Drang nach
sozialer Bestätigung zu entkommen. Dieser Drang mo-
tiviert uns, ständig nach Anerkennung zu suchen – sei
es durch „Likes", Kommentare oder Bestätigung unseres sozialen Status. Doch was passiert, wenn diese Anerkennung der einzige Maßstab für unser Selbstwertge-
fühl wird?

Es ist kaum noch möglich, das eigene Leben von
der Meinung anderer zu entkoppeln. Die ständige Verbindung zu anderen, die fortwährenden Bewertungen
unserer äußeren Erscheinung und das Feedback zu jedem Detail unseres Lebens haben unsere Wahrnehmung von uns selbst tiefgreifend verändert. Der
Wunsch nach Anerkennung ist keineswegs neu, doch
die Wege, diese zu erhalten, waren nie so vielfältig wie
heute.

Die Illusion der sozialen Bestätigung

Soziale Medien, Werbung und die stetig wachsende Verfügbarkeit von Feedback aus der digitalen Welt erschaffen eine Scheinwelt, die uns glauben lässt, dass unser Wert ausschließlich durch die Augen anderer bemessen wird. Ein „Like", ein Kommentar, eine Erwähnung – all diese scheinbar harmlosen Bestätigungen geben uns das Gefühl, gesehen und wertgeschätzt zu werden. Doch was passiert, wenn diese Bestätigung ausbleibt? Wir fühlen uns entwertet, unsicher und oft leer. Die Wahrnehmung unserer eigenen Bedeutung hängt zunehmend davon ab, wie viele Menschen unser Leben wahrnehmen – auf Plattformen wie Instagram, Facebook oder anderen sozialen Netzwerken.

In dieser Welt der ständigen Anerkennung verlieren wir jedoch oft das, was wirklich zählt: die Beziehung zu uns selbst, die Fähigkeit, uns ohne ständige Rückmeldungen von außen zu sehen. Wir werden süchtig nach diesem äußeren Spiegel und vergessen dabei, dass wahre Bestätigung nur von innen kommen kann.

Das paradoxe Streben nach äußerer Bestätigung

Der Drang nach sozialer Bestätigung führt zu einem paradoxen Zustand: Einerseits sehnen wir uns danach, gesehen zu werden, andererseits verlieren wir uns durch die ständigen Vergleiche und die Jagd nach Anerkennung immer mehr. Wir richten uns nach den Meinungen anderer und verlieren dabei den Kontakt zu unserem inneren Kompass. Je mehr wir von außen erwarten, desto weniger können wir uns selbst treu bleiben.

In einer Zeit, in der es immer einfacher wird, sich über digitale Plattformen darzustellen, wird das wahre Selbst zunehmend durch die Projektion dessen ersetzt, was andere sehen wollen. Die künstliche Darstellung eines perfekten Lebens führt zu einer verzerrten Wahrnehmung der Realität und inneren Konflikten. Die Frage „Bin ich gut genug?" bleibt ständig präsent – und doch bleibt sie unbeantwortet, weil die Antwort niemals in den äußeren Bestätigungen zu finden ist.

Selbstakzeptanz und wahre Bestätigung

Die wahre Herausforderung liegt darin, die Bestätigung nicht länger von außen zu suchen, sondern sie in uns selbst zu finden. Wahre Selbstakzeptanz entsteht nicht durch „Likes" oder die Anerkennung anderer, sondern durch das ehrliche Annehmen unserer eigenen

Schwächen und Stärken – und der Tatsache, dass wir in unserer Unvollkommenheit einzigartig sind.

Ein entscheidender Schritt in diese Richtung ist, uns von der Vorstellung zu befreien, dass unser Wert von der Bestätigung anderer abhängt. Wir müssen lernen, uns selbst zu schätzen, unabhängig davon, was die Welt um uns herum denkt. Diese Selbstakzeptanz ist der Schlüssel zu einem authentischen Leben, in dem wir unser eigenes Maß an Erfolg und Glück definieren, ohne ständig nach außen zu blicken.

Geschichte: Der Preis der Anerkennung

Lena hatte es geschafft. Sie war mittlerweile eine etablierte Influencerin, die regelmäßig von Marken gesponsert wurde und deren Posts Tausende von „Likes" erhielten. Ihre Welt war perfekt – oder zumindest schien sie das zu sein. Sie zeigte sich in schicken Outfits, reiste an exotische Orte, und ihre Follower schätzten sie für ihre positive Ausstrahlung und die scheinbar perfekte Lebensführung.

Doch je mehr Anerkennung sie erhielt, desto mehr fühlte sie sich innerlich leer. Ihre Fotos, die früher Ausdruck ihrer Freude und ihrer Erlebnisse gewesen waren, hatten sich zu einem sorgfältig inszenierten

Schauspiel entwickelt. Jeder Post war eine Fassade, hinter der sich die Wahrheit verbarg: Lena war nie wirklich glücklich. Die vielen „Likes", die sie erhielt, gaben ihr das Gefühl von Wert, aber sobald der Glanz der Bestätigung verblasste, kehrte die Leere zurück.

In den letzten Wochen hatte Lena viel Zeit in die Erstellung eines neuen Beitrags investiert, der eine besondere Reise dokumentierte, von der sie sich große Aufmerksamkeit erhoffte. Doch der Post kam nicht gut an. Er erhielt weniger „Likes" als gewohnt und der Kommentarbereich blieb nahezu leer. Lena war enttäuscht und spürte eine zunehmende Unsicherheit. Der Drang, sich zu beweisen und Anerkennung zu bekommen, hatte sie wieder einmal fest im Griff.

In einer Mischung aus Frustration und Verwirrung griff sie zu ihrem Handy und löschte spontan eine der wichtigsten Apps, die sie täglich nutzte. Sie hatte nicht wirklich darüber nachgedacht, was sie als Nächstes tun würde, aber sie fühlte sich wie im Strudel des Drangs nach sozialer Bestätigung gefangen. Ohne einen klaren Plan fuhr sie einfach los, hinaus aus der Stadt, ins Grüne, um sich zu sammeln und abzuschalten.

Nach einer Weile landete sie in einem kleinen Café in den Bergen, das sie gut kannte und das eine alte Bekannte betrieb. Annika war immer ein wenig abseits der sozialen Medien geblieben, lebte ein beschauliches Leben ohne die Notwendigkeit, sich ständig zu zeigen. Ihre Welt war weniger laut, weniger künstlich. Sie war zufrieden, auch ohne die ständige Bestätigung von außen.

„Was ist los, Lena? Du siehst aus, als hättest du die Welt verloren", sagte Annika, als sie sie nach einer Weile betrachtete.

Lena musste lachen, obwohl ihre Augen feucht wurden. „Ich glaube, ich habe alles erreicht – und jetzt weiß ich nicht mehr, wer ich bin, wenn niemand mir mehr zuschaut."

„Du bist mehr als die Person, die du zeigst. Der Rest ist nur der Schein, den du selbst kreierst. Wahre Bestätigung kommt von innen. Du bist genug, auch ohne all die Likes und Kommentare."

Diese Worte trafen Lena tief. Sie saß eine Weile schweigend da und dachte nach. Vielleicht war es an der Zeit, sich selbst zu fragen: Wer war sie, wenn niemand zusah? Was machte sie wirklich aus, wenn keine Kommentare und keine Bestätigung von außen kamen?

In den folgenden Tagen verbrachte Lena mehr Zeit mit sich selbst, ohne den Drang, ständig ihre Erfahrungen in der Welt zu teilen. Sie ging spazieren, schrieb in ihr Tagebuch und las Bücher, die sie schon lange nicht mehr angerührt hatte. Sie begann zu verstehen, dass ihre eigene Wertigkeit nicht an die Zustimmung anderer gebunden war. Das wahre Leben lag in den Momenten der Stille, der Reflektion und der Selbstakzeptanz.

Schließlich entschloss sie sich, ihre Social-Media-Kanäle für eine Weile zu pausieren. Ohne den ständigen Druck, sich zu beweisen, fand sie zu einer inneren Ruhe, die sie lange nicht gekannt hatte. Sie konnte sich wieder selbst sehen, ohne den Filter der digitalen Welt. Und während sie das Gefühl der äußeren Bestätigung langsam losließ, spürte sie eine tiefere, erfüllendere Bestätigung: Die Bestätigung von sich selbst.

Fragen zum Nachdenken:
1. Wie oft hast du dich in deinem Leben von der Meinung anderer abhängig gemacht, um deinen Selbstwert zu bestimmen?
2. Was wäre, wenn du für eine Woche keine sozialen Medien benutzen würdest? Wie würde sich das auf dein Gefühl von Selbstwert und Glück auswirken?

3. Welche Aktivitäten oder Momente geben dir das Gefühl, wirklich du selbst zu sein – unabhängig von äußerer Bestätigung?

Die Freiheit des Ich

Die Freiheit des Ich

In einer Gesellschaft, die von Normen und Erwartungen geprägt ist, wird die Suche nach echter Freiheit oft als ein entfernter Traum angesehen. Wir leben in einer Gesellschaft, in der die Menschen ständig dazu gedrängt werden, bestimmten Regeln zu folgen, in der die Idee von Erfolg vorgefertigt und von außen auferlegt wird. Doch wahre Freiheit ist weit mehr als das bloße Fehlen von Einschränkungen. Es ist ein innerer Zustand der Autonomie, der es uns ermöglicht, unser Leben bewusst und selbstbestimmt zu gestalten, ohne von den Einflüssen anderer gesteuert zu werden. Es ist die Fähigkeit, uns selbst zu erkennen und unsere Entscheidungen mit Klarheit und Verantwortung zu treffen.

Die Illusion der Freiheit

Es gibt einen weitverbreiteten Glauben, dass Freiheit bedeutet, alles zu tun, was wir wollen, ohne Rücksicht auf Konsequenzen. In der heutigen Welt, in der uns durch soziale Medien und Konsumkultur scheinbar unendliche Wahlmöglichkeiten präsentiert werden, glauben viele, dass Freiheit im bloßen Tun und Lassen liegt. Doch wahre Freiheit ist keine rein äußere Eigenschaft, sondern eine innere Haltung. Sie besteht nicht in der Abwesenheit von Einschränkungen, sondern in der Fähigkeit, innerhalb dieser Einschränkungen bewusst und authentisch zu handeln.

Unsere Gesellschaft bietet unzählige Optionen, aber viele davon sind durch kulturelle Erwartungen und soziale Normen vorgeprägt. Die Wahlmöglichkeiten, die uns gegeben werden, sind oft keine freien Entscheidungen, sondern Reaktionen auf das, was als „richtig" oder „erfolgreich" angesehen wird. Die wahre Freiheit liegt nicht darin, unbegrenzt alles zu tun, was uns in den Sinn kommt, sondern in der Fähigkeit, zu entscheiden, wie wir auf diese äußeren Anforderungen reagieren. Es geht darum, bewusst zu wählen, welche Werte wir vertreten und wie wir uns zu den Erwartungen der Welt um uns herum positionieren.

Die wahre Herausforderung auf dem Weg zur Freiheit ist es, sich von den Fesseln der Konformität zu befreien. Dabei ist Freiheit nicht das Fehlen von Verantwortung, sondern die Fähigkeit, Verantwortung für unser eigenes Leben zu übernehmen – selbst in einer

Welt, die ständig versucht, uns in bestimmte Richtungen zu lenken.

Die Geschichte von Sophie

Sophie wuchs in einem Umfeld auf, das klare Vorstellungen darüber hatte, wie das Leben „richtig" zu verlaufen hatte. Ihre Eltern, ihre Freunde und die Gesellschaft erwarteten von ihr, dass sie die klassischen Meilensteine erreichte: ein erfolgreicher Job, eine stabile Beziehung, ein eigenes Haus – ein Leben, das als „normal" galt. Doch je mehr sie versuchte, diesen Erwartungen gerecht zu werden, desto mehr spürte sie, dass dieses Leben nicht ihr eigenes war. Sie fühlte sich wie eine Schauspielerin, die in einem Theaterstück auftrat, dessen Drehbuch jemand anderes geschrieben hatte.

Es war nicht so, dass sie mit diesen Erwartungen nicht umgehen konnte – sie spielte ihre Rolle gut. Doch immer häufiger fragte sie sich: „Ist das wirklich mein Leben? Oder lebe ich nur das Leben, das mir vorgegeben wurde?" Die Kluft zwischen dem, was sie tat, und dem, was sie fühlte, wurde immer größer. Sie begann zu verstehen, dass sie für ihr eigenes Leben verantwortlich war, und dass sie die Macht hatte, es neu zu gestalten – auch wenn das bedeutete, die Erwartungen ihrer Umgebung zu enttäuschen.

Eines Abends, nach einem besonders anstrengenden Tag, saß Sophie in ihrer Wohnung und starrte auf die Einladung zu einer Hochzeit einer alten Freundin, die sie kürzlich erhalten hatte. In der Einladung wurde sie gebeten, mit einem Partner zu erscheinen – doch Sophie war schon lange nicht mehr in einer Beziehung. Das Gefühl, ständig eine Rolle spielen zu müssen, um den Erwartungen anderer gerecht zu werden, überforderte sie zunehmend. In diesem Moment traf sie eine Entscheidung: Sie würde sich nicht länger nach den Wünschen anderer richten. Sie würde für sich selbst leben und ihren eigenen Weg gehen.

Sophie buchte spontan ein Ticket nach Island – alleine. Es war ein mutiger Schritt, ein Schritt in die Freiheit. Die Entscheidung, alleine zu reisen, bedeutete mehr als nur einen Tapetenwechsel. Es war ein Symbol für ihre Entschlossenheit, sich von den Fesseln der Erwartungen zu befreien und ihr Leben, selbst in die Hand zu nehmen.

In Island erlebte sie eine Befreiung, die sie nie für möglich gehalten hätte. Umgeben von der rauen Schönheit der Natur – den weiten Landschaften, den

Vulkanen und den Gletschern – konnte sie zum ersten Mal in ihrem Leben wirklich durchatmen. In dieser Isolation, fernab der gewohnten Welt, fand sie zu sich selbst. Ohne den Druck, sich ständig zu beweisen oder den Erwartungen anderer gerecht zu werden, konnte sie sich endlich in ihrer vollen Authentizität erleben.

Während ihrer Reise traf sie eine ältere Frau, die ihr von ihrem eigenen Leben erzählte. Die Frau hatte ihre Jugend und ihre Erwachsenenjahre in den Erwartungen und Normen der Gesellschaft verbracht. Sie hatte Kinder großgezogen, ihre Ehe geführt und ein Leben geführt, das sie nie wirklich für sich selbst gewählt hatte. Doch irgendwann, als ihre Kinder erwachsen waren, kam der Moment der Selbstreflexion: „Was ist eigentlich MEIN Leben?" Sie zog sich in die Einsamkeit zurück und begann, die Träume zu verfolgen, die sie ein Leben lang verdrängt hatte. Sophie lauschte gebannt und fühlte sich von der Geschichte der Frau tief berührt. In diesem Moment wurde ihr klar, dass wahre Freiheit nicht im äußeren Erfolg oder der Erfüllung gesellschaftlicher Normen lag, sondern in der Fähigkeit, sich selbst treu zu bleiben.

Der Preis der Freiheit

Sophie wusste, dass die Freiheit, die sie gefunden hatte, nicht ohne Konsequenzen kommen würde. Wenn wir uns dazu entscheiden, ein Leben zu führen, das nicht den gesellschaftlichen Erwartungen entspricht, müssen wir uns der Realität stellen, dass wir mit Widerstand und Ablehnung konfrontiert werden könnten. Wir könnten Freunde verlieren, die unsere Entscheidungen nicht verstehen, oder Familienmitglieder enttäuschen, die uns den traditionellen Weg vorleben wollen. Doch wahre Freiheit bedeutet, diese Ängste zu überwinden und sich nicht länger von der Meinung anderer beherrschen zu lassen.

Der Weg zur Freiheit ist oft auch ein einsamer Weg. Es ist der Preis, den wir zahlen, wenn wir uns von äußeren Normen befreien – ein Preis, der in der Verantwortung für unser eigenes Leben und die Konsequenzen unserer Entscheidungen liegt. Es ist eine Freiheit, die uns herausfordert, uns selbst und unsere Handlungen zu hinterfragen und die Unsicherheiten des Lebens zu akzeptieren.

Die innere Freiheit

Doch die wahre Freiheit liegt nicht in den äußeren Umständen. Sie liegt in der Fähigkeit, sich selbst zu befreien – von inneren Blockaden, Ängsten und Zweifeln, die uns daran hindern, unser wahres Potenzial zu entfalten. Die innere Freiheit ist ein Prozess der kontinuierlichen Selbstreflexion und des Loslassens. Es geht darum, uns von alten Glaubenssätzen und Vorstellungen zu befreien, die uns limitieren und uns im Kreis führen.

Diese innere Freiheit gibt uns die Möglichkeit, authentisch zu leben und die Welt mit eigenen Augen zu sehen. Sie ermöglicht es uns, das Leben nicht nur passiv zu erleben, sondern es aktiv zu gestalten – nicht als Reaktion auf die Erwartungen anderer, sondern aus der Kraft unserer eigenen Überzeugungen und Werte. Wenn wir in dieser inneren Freiheit leben, sind wir nicht mehr auf die Bestätigung von außen angewiesen. Wir haben gelernt, uns selbst als Maßstab zu nehmen und uns in der Tiefe unseres Wesens zu erkennen und zu schätzen.

Fragen zum Nachdenken:
- Wie beeinflussen deine persönlichen Erinnerungen und deine Umgebung deine Sicht auf die Natur und auf das Leben im Allgemeinen?
- Wann hast du das letzte Mal bewusst die Natur erlebt und dich mit ihr verbunden gefühlt?

- Welche alten Geschichten oder Märchen prägen deine Wahrnehmung von Freiheit und Selbstbestimmung?
- Welche Schritte könntest du unternehmen, um deine innere Freiheit zu stärken und mehr Authentizität in dein Leben zu bringen?

Technologie und die Entfremdung des Körpers

Technologie und die Entfremdung des Körpers

Die technologische Revolution hat uns in eine neue Ära katapultiert – eine Ära, in der Wissen zu jeder Zeit und an jedem Ort verfügbar ist, Kommunikation ohne physische Barrieren stattfindet und das Leben durch digitale Innovationen zunehmend vereinfacht wird. Diese Entwicklungen haben unser tägliches Leben auf eine Weise verändert, die vor wenigen Jahrzehnten noch undenkbar schien. Doch mit all diesen Fortschritten ist auch eine stille Entfremdung zu beobachten – nicht nur von der Welt um uns herum, sondern vor allem von uns selbst. Der menschliche Körper, unser engster Begleiter und das Zentrum unserer Erfahrung, hat in dieser neuen Ära zunehmend seine Bedeutung verloren. Die digitale Welt hat uns nicht nur den Kontakt zu unserer physischen Umgebung entzogen, sondern auch unser Verhältnis zu unserem eigenen Körper verändert.

Der Körper als Werkzeug

In einer Welt, die von Technologie dominiert wird, wird der menschliche Körper zunehmend als bloßes Werkzeug betrachtet. Ein Werkzeug, das optimiert, überwacht und gesteuert werden muss, um seine „besten" Leistungen zu erbringen. Fitness-Tracker, Schlaf-überwachungs-Apps, Diätpläne und selbst die smarte Kleidung, die unsere Körpertemperatur misst – all diese Technologien bieten uns detaillierte Einblicke in die Funktionsweise unseres Körpers und liefern uns Daten, die uns helfen sollen, uns nach den „idealen" Parametern zu formen. Die Frage bleibt jedoch: Was passiert mit unserem Verhältnis zu unserem Körper, wenn wir ihn nicht mehr als den einzigartigen, lebendigen Organismus wertschätzen, der er ist, sondern nur als eine Reihe von messbaren Einheiten, die optimiert und verbessert werden müssen?

Die kontinuierliche Messung und Kontrolle des Körpers kann uns dazu verleiten, ihn nur noch als ein funktionales System zu sehen, dessen einziger Zweck es ist, den Anforderungen einer technisierten Welt zu entsprechen. Anstatt uns selbst zu spüren, uns mit unserem Körper zu verbinden und ihn in seiner Ganzheit zu akzeptieren, werden wir zu Beobachtern unseres eigenen Körpers, der uns immer ferner erscheint. Die Selbstwahrnehmung gerät zunehmend in den Hintergrund, während wir versuchen, unserem Körper eine von außen vorgegebene Norm aufzuzwingen.

Die digitale Entfremdung

Die fortschreitende Digitalisierung hat uns immer weiter von unserem physischen Dasein entfernt. Es scheint, als hätten wir uns von der Welt, die uns umgibt, und vor allem von unserem eigenen Körper immer mehr entfremdet. Wir verbringen unzählige Stunden vor Bildschirmen, sei es am Arbeitsplatz, zu Hause oder in unserer Freizeit. Digitale Räume ermöglichen uns Fluchtmöglichkeiten und, uns zu verlieren – doch diese virtuellen Welten haben wenig bis gar nichts mit dem realen, physischen Körper zu tun. Wir bewegen uns in diesen Welten, aber nicht mit unserem Körper, sondern mit einem digitalen Abbild von uns. Diese Abstraktion führt dazu, dass wir den Kontakt zu unserem Körper verlieren. Der Körper wird zu einer „Hülle", einem Vehikel, das nur noch funktional erscheint.

Die digitale Welt fördert zunehmend eine Sichtweise, in der der Körper als nebensächlich, ja sogar als hinderlich wahrgenommen wird. Die körperlichen Bedürfnisse, die Zeichen, die uns unser Körper sendet, werden oft ignoriert oder sogar als störend empfunden. Anstatt uns in unserem physischen Dasein zu verankern, flüchten wir uns immer häufiger in den ungreifbaren Raum der Digitalisierung. Doch die Wahrheit bleibt: Unser Körper ist nicht nur die Hülle, in der wir existieren, sondern die Grundlage unserer Wahrnehmung, der Ort, an dem all unsere Erfahrungen, Emotionen und Eindrücke stattfinden.

Geschichte: Der Spiegel in der Natur

Ulrike war eine erfolgreiche Softwareentwicklerin in einer Großstadt. Ihr Leben war durchzogen von Bildschirmen, ständigen Benachrichtigungen und der permanenten Präsenz der digitalen Welt. Ihre Tage begannen und endeten mit einem Blick auf das Smartphone, und sie hatte das Gefühl, dass ihr Leben in einer konstanten, effizienten Schleife ablief. Ihre Fitness-Apps erinnerten sie an das tägliche Training, Diät-Tracker hielten sie in Schach, und selbst der Schlaf wurde mithilfe einer smarten Matratze überwacht. Ihr Leben war optimiert, durchgeplant, digitalisiert – alles schien unter Kontrolle.

Doch eines Tages, während einer Besprechung, spürte Ulrike einen stechenden Schmerz in ihrem Rücken. Ein plötzliches, unerklärliches Ziehen, das sie nicht ignorieren konnte. Ein Arztbesuch brachte die erschreckende Diagnose: eine gravierende Fehlhaltung, die auf jahrelanges Sitzen und zu wenig Bewegung zurückzuführen war. Ulrike war schockiert. Sie hatte doch alles richtig gemacht, oder nicht? Ihre Apps sagten ihr, dass sie gesund war, ihre Ernährung sei perfekt, und ihre Fitness sollte ihrem Alter entsprechen. Doch trotzdem fühlte sie sich wie eine Fremde in ihrem eigenen Körper.

Entschlossen, etwas zu verändern, buchte Ulrike eine Auszeit in einem abgelegenen Wellness-Retreat in den Bergen. Sie hoffte, dort die nötige Ruhe zu finden, um ihre Lebensgewohnheiten zu überdenken. Doch die ersten Tage des Aufenthalts waren hart. Es war ein befremdliches Gefühl, das Smartphone beiseite zu legen und in einer Welt ohne digitale Unterstützung zu leben. Doch mit der Zeit begann Ulrike, die Stille und die natürliche Umgebung zu schätzen. Sie spürte zum ersten Mal seit Jahren den Wind auf ihrer Haut, hörte das sanfte Rauschen des Waldes und nahm den frischen Duft der Berge in sich auf.

Eine der Übungen im Retreat bestand darin, barfuß durch den Wald zu gehen und bewusst jeden Schritt wahrzunehmen. Zu Beginn erschien Ulrike diese Übung trivial, fast unnötig. Doch als sie den kalten, feuchten Boden unter ihren Füßen spürte und die Textur der Erde unter ihren Sohlen wahrnahm, erkannte sie, wie sehr die Technologie sie von diesen einfachen, aber tiefgründigen Erfahrungen entfremdet hatte. Der Körper war mehr als nur ein Werkzeug, er war der Ort, an dem all unsere Empfindungen und Erfahrungen lebendig wurden. Ihre Verbindung zu ihrem eigenen Körper war längst verloren gegangen, und der Wald war nun der Spiegel, in dem sie diese Verbindung wiederentdeckte.

Nach zwei Wochen kehrte Ulrike in die Stadt zurück, aber sie war nicht mehr dieselbe. Sie hatte ihre Sicht auf die Technologie überdacht und begann, den Fokus auf ihre eigenen körperlichen Bedürfnisse zu legen. Die Fitness-Tracker und Ernährungs-Apps, die sie einst als unverzichtbare Helfer betrachtet hatte, ließ sie zurück. Stattdessen hörte sie auf ihren Körper. Tägliche Spaziergänge, Yoga und Achtsamkeit waren fortan ein wichtiger Bestandteil ihres Lebens, nicht weil eine App sie dazu aufforderte, sondern weil sie es selbst spürte, dass es ihr gut tat.

Ulrike hatte gelernt, dass wahre Verbindung nicht durch Daten und Bildschirme entsteht, sondern durch das ehrliche Erleben des eigenen Körpers in der Welt. Technologie konnte ein nützliches Werkzeug sein, aber sie konnte niemals das ersetzen, was der Körper uns auf natürliche Weise zu bieten hat – eine tiefgreifende, unmittelbare Erfahrung des Lebens.

Der Körper als Quelle der Weisheit

Die Lösung liegt nicht darin, Technologie zu verurteilen oder sie abzulehnen. Technologie ist ein unverzichtbares Werkzeug, das viele Aspekte unseres Lebens verbessern kann. Doch wir müssen ein gesundes Verhältnis zwischen Technologie und unserem Körper entwickeln. Wir dürfen nicht zulassen, dass die digitale Welt den Körper, der uns mit der Welt verbindet, verdrängt. Der Körper sollte nicht als etwas betrachtet werden, das optimiert und verbessert werden muss, sondern als ein wertvolles Instrument, das uns hilft, die Welt und uns selbst zu erfahren.

Achtsamkeit und Selbstwahrnehmung sind von entscheidender Bedeutung, um den Kontakt zu unserem Körper zu bewahren. Wenn wir uns regelmäßig Zeit nehmen, um in unseren Körper hineinzufühlen, um zu spüren, was er braucht und was ihm guttut, können wir eine tiefere Verbindung zu uns selbst aufbauen. Diese Verbindung ist der Schlüssel zu einem gesunden, erfüllten Leben, in dem Technologie und Körperbewusstsein miteinander harmonieren.

Fragen zum Nachdenken:

- Wie sehr bist du auf Technologie angewiesen, um deinen Körper zu „steuern" oder zu kontrollieren?
- Welche Auswirkungen hat die digitale Welt auf dein Körperbewusstsein?
- Wie könntest du mehr Achtsamkeit und Verbindung zu deinem Körper in deinen Alltag integrieren?

Die Angst vor der Stille

Die Angst vor der Stille

Die Stille wird in unserer Gesellschaft zunehmend als etwas Fremdes und Unbequemes wahrgenommen. Ständig sind wir von Geräuschen umgeben – dem Summen von Smartphones, dem Lärm der Straßen und dem Dröhnen der Medien. Diese Geräusche sind zu einem fast unausweichlichen Teil unseres Lebens geworden. Doch je mehr wir von außen beschallt werden, desto weniger Raum bleibt für uns selbst. Es wird immer schwieriger, sich der eigenen inneren Stille zu stellen. Warum aber fürchten wir uns so sehr davor? Was passiert, wenn wir die Hektik und den Lärm der Welt einmal hinter uns lassen und wirklich in die Ruhe eintauchen?

Die Flucht vor der Stille

In der heutigen Gesellschaft ist es leichter, sich von äußeren Ablenkungen berieseln zu lassen, als sich mit den eigenen Gedanken auseinanderzusetzen. Smartphones und soziale Medien bieten einen endlosen Strom von Informationen, die uns in einem ständigen Zustand der Wachsamkeit halten. Dadurch verlieren wir die Fähigkeit zur inneren Reflexion. Wir rennen von einer Sache zur nächsten, in der Hoffnung, Antworten zu finden, aber nie wirklich zur Ruhe zu kommen. Und so suchen wir oft die nächste Ablenkung – um nicht in der Stille auf uns selbst zu stoßen.

Doch diese Ablenkung hat ihren Preis. Ohne Momente der Ruhe verlieren wir den Kontakt zu uns selbst. Die inneren Konflikte, die wir nicht wahrhaben wollen, bleiben ungelöst, während die äußeren Anforderungen immer lauter werden. Unsere Welt verlangt ständig, dass wir funktionieren, dass wir uns in das hektische Geschehen einfügen. Aber was passiert, wenn wir uns dieser Flut von Eindrücken nicht mehr hingeben, wenn wir den Raum der Stille betreten, um uns wirklich zu hören?

Die Lektion der alten Bäuerin

Abseits der hektischen Welt, in einem abgelegenen Wald, lebte eine alte Bäuerin auf ihrem Selbstversorgerhof. Ihr Leben war einfach, aber von tiefer Weisheit geprägt. Es hieß, sie habe sich von der Welt zurückgezogen, um das wahre Wesen des Lebens zu erkennen. Viele, die von ihrer Weisheit gehört hatten, kamen, um Rat zu suchen. Doch nur wenige waren bereit, wirklich zu hören. Die meisten wollten schnelle Antworten, keine tiefgehende Erkenntnis.

Eines Tages kam ein junger Mann, von der Rastlosigkeit und dem ständigen Stress der modernen Welt erschöpft, zu ihr. Er hoffte, die alte Bäuerin könnte ihm eine Lösung für seine inneren Konflikte geben. Als er ankam, führte sie ihn wortlos zu einem großen Stein vor ihrer Hütte und bat ihn, sich zu setzen. Er tat es, aber die Stille, die ihn umhüllte, wurde schnell unerträglich. Minuten vergingen, dann Stunden. Der junge Mann fühlte sich zunehmend unwohl. Die Gedanken, die er sonst oft unterdrückte, drängten sich jetzt mit voller Wucht in seinem Kopf.

Schließlich konnte er es nicht mehr ertragen und fragte sie: „Warum redest du nicht? Ich bin hier, um Antworten zu finden, und du sagst kein einziges Wort!"

Die Bäuerin sah ihn ruhig an und antwortete sanft: „Die Antworten, die du suchst, findest du nicht in meinen Worten. Sie liegen in der Stille."

Der junge Mann war zunächst verwirrt. Wie könnte Stille Antworten liefern? Doch je mehr er in der Ruhe verweilte, desto mehr begann er zu erkennen, dass die Stille selbst ihm etwas sagte. Sie zeigte ihm, wie er sich selbst wieder finden konnte, jenseits des Lärms und der äußeren Ablenkungen.

Die wahre Bedeutung der Stille

Es gibt eine tiefere Bedeutung in der Stille, die wir oft übersehen. Sie ist nicht einfach nur der Zustand, in dem nichts passiert, sondern ein Raum, in dem wir uns selbst begegnen können. Wenn wir uns von den äußeren Reizen befreien, kommen wir in Kontakt mit unseren wahren Gefühlen, unseren tiefsten Ängsten, aber auch mit unseren verborgenen Sehnsüchten. Oft fürchten wir uns vor dem, was wir in dieser Stille entdecken könnten. Vielleicht sind es ungelöste Konflikte oder verdrängte Erinnerungen. Doch gerade diese Konfrontation ist es, die uns Heilung und Wachstum bringen kann.

Der junge Mann, der sich anfangs gegen die Stille gewehrt hatte, begann zu verstehen, dass sie ihm nicht nur half, die äußeren Geräusche der Welt zu ignorieren, sondern auch, tief in sich selbst zu hören. Er konnte endlich erkennen, was er wirklich brauchte, was ihn blockierte und was ihn antrieb. In der Stille fand er den Zugang zu seinem wahren Selbst.

Die heilende Kraft der Stille

Stille ist nicht einfach nur Abwesenheit von Lärm. Sie ist die Abwesenheit von Ablenkung. In der Stille können wir uns selbst zuhören, die Gedanken, die tief in uns verborgen sind. In einer Welt, die von äußerem Lärm und ständiger Beschäftigung geprägt ist, kann diese Ruhe zu einem Ort der Heilung und des Verständnisses werden. Sie gibt uns den Raum, unsere eigenen Gedanken und Gefühle zu klären, uns von der Last der Vergangenheit zu befreien und im gegenwärtigen Moment zu leben.

Momente der Stille, sei es durch Meditation, stille Spaziergänge in der Natur oder einfach durch das Sitzen in einem ruhigen Raum, sind keine verlorene Zeit. Sie sind ein kostbarer Raum der Reflexion. Indem wir uns der Stille öffnen, können wir uns selbst besser verstehen, unsere inneren Konflikte lösen und mehr Klarheit finden.

Fragen zum Nachdenken:
- Wann hast du das letzte Mal bewusst Zeit in Stille verbracht? Was hast du dabei gefühlt oder gedacht? Was ist dir bewusst geworden, was du vorher nicht bemerkt hast?
- Welche Ängste oder Widerstände treten auf, wenn du dich der Stille aussetzt? Was

glaubst du, könnte passieren, wenn du diese Ängste hinter dir lässt?

- Wie könntest du mehr Momente der Stille in deinen Alltag integrieren? Welche kleinen Rituale oder Praktiken könnten dir helfen, häufiger in den Zustand der Ruhe zu kommen?

Die Rückkehr zum Ursprung

Die Rückkehr zum Ursprung

Die Rückkehr zum Ursprung ist mehr als ein einfaches Zurückkehren zur Natur – sie ist eine Reise zu den tief verwurzelten Prinzipien des menschlichen Zusammenlebens, zu einer Form der Gemeinschaft, in der echte Verbundenheit und gegenseitige Unterstützung nicht nur Werte sind, sondern gelebte Praxis. Es ist ein Aufruf, das Fundament, das unsere Gesellschaften einst prägte, wiederzubeleben: das Zusammenspiel der Generationen und das Teilen von Lebenserfahrungen, Wissen und Unterstützung über alle Altersstufen hinweg. Diese Form der Rückkehr stellt nicht nur einen konzeptionellen, sondern auch einen praktischen Weg dar, die sozialen, ökologischen und emotionalen Krisen, die unsere Zeit prägen, zu bewältigen.

Traditionen der Gemeinschaft

In den traditionellen Gesellschaften der Vergangenheit war das Leben der Generationen oft untrennbar miteinander verbunden. Großeltern, Eltern und Kinder lebten in denselben Dörfern, in engen, familiären Netzwerken, die durch feste Strukturen von Respekt, Fürsorge und geteiltem Wissen gestützt wurden. In diesen Gemeinschaften war das individuelle Wohl untrennbar mit dem Wohl der gesamten Gruppe verbunden. Großeltern waren nicht nur Bezugspersonen für die jüngeren Generationen, sondern auch die Hüter des kollektiven Gedächtnisses. Sie vermittelten Wissen über die Geschichte der Familie, der Dorfgemeinschaft und der Natur, und ihre Weisheit war ein unschätzbarer Schatz, den es zu bewahren galt. In vielen Kulturen war es die Aufgabe der Älteren, die Werte und Traditionen zu bewahren, während die Jüngeren durch ihre Energie, Innovationskraft und ihre Fähigkeit zur Anpassung die Gesellschaft vorantrieben.

Ein bemerkenswerter Aspekt dieser intergenerationalen Beziehungen war der Austausch, der nicht nur in Form von Wissen und Erfahrung stattfand, sondern auch durch emotionale Nähe. Ältere Generationen boten den Jüngeren Geborgenheit und Orientierung, während die Jüngeren den Älteren die Freude und die Lebendigkeit des Lebens brachten. Dieses harmonische Miteinander war nicht nur ein individuelles, sondern ein gesellschaftliches Fundament, das stabilisierend und stärkend wirkte.

Die Herausforderungen der Moderne

In der heutigen Zeit jedoch sind diese intergenerationellen Bindungen zunehmend verloren gegangen. Durch die Zunahme von Urbanisierung, Individualismus und den technologischen Wandel haben sich die sozialen Strukturen so verändert, dass die engen familiären Netzwerke der Vergangenheit kaum noch existieren. Ältere Menschen leben oft isoliert – entweder allein oder in Pflegeeinrichtungen, weit entfernt von den Familien, die ihnen einst so nahestanden. Gleichzeitig sind die jüngeren Generationen in der Welt der Großstädte und der globalisierten Wirtschaft verstrickt, wo die Traditionen und das Wissen der älteren Generationen oft keine Bedeutung mehr haben.

Dieser Bruch zwischen den Generationen hat zu einer Vielzahl sozialer Probleme geführt: Einsamkeit, Isolation und das Gefühl der Entfremdung, nicht nur bei den älteren, sondern auch bei den jüngeren Menschen. Das Fehlen von Bezugspunkten, von gemeinsamer Geschichte und einer gelebten Kontinuität führt zu einer Fragmentierung der Gesellschaft, in der jeder für sich kämpft und die kollektive Unterstützung, die für ein harmonisches Zusammenleben notwendig wäre, fehlt.

Doch in diesem Bruch liegt auch eine Chance. Die Rückkehr zu einer engeren, integrativen Form des Zusammenlebens zwischen den Generationen könnte einen entscheidenden Beitrag zur Heilung dieser sozialen Risse leisten.

Die Vision von Mehrgenerationen-Gemeinschaften

Mehrgenerationen-Gemeinschaften stellen eine konkrete Vision dar, wie der Austausch zwischen den Generationen wiederbelebt und verstärkt werden kann. In einer solchen Gemeinschaft wäre der Unterschied zwischen den Altersgruppen nicht eine Trennung, sondern eine Bereicherung. Die Jüngeren könnten von der Weisheit, den Erfahrungen und der Gelassenheit der Älteren profitieren, während die Älteren die Energie, die Kreativität und den Innovationsgeist der Jüngeren erleben könnten.

Diese Gemeinschaften könnten nicht nur eine Antwort auf die emotionale Isolation vieler Menschen bieten, sondern auch eine Lösung für die praktischen Herausforderungen des modernen Lebens. Durch das Teilen von Ressourcen – seien es materiellen Ressourcen wie Wohnraum oder immaterielle wie Wissen und Zeit – könnten intergenerationale Gemeinschaften eine Art von gegenseitiger Unterstützung entwickeln, die im heutigen individualistischen System häufig fehlt.

Ein weiteres Element der Mehrgenerationen-Gemeinschaften ist die Möglichkeit, verschiedene Lebensmodelle zu vereinen. Während in traditionellen Gesellschaften jede Generation eine bestimmte Rolle hatte, könnten in modernen Mehrgenerationen-Gemeinschaften die Übergänge zwischen den Generationen fließender sein. Ältere Menschen könnten weiterhin in ihrer beruflichen oder kreativen Tätigkeit aktiv bleiben, während jüngere Menschen von der Fülle an Erfahrungen profitieren und sich von den älteren Generationen bei der Gestaltung ihrer eigenen Lebenswege unterstützen lassen.

Ein Modell für die Zukunft

Mehrgenerationen-Gemeinschaften könnten nicht nur dazu beitragen, das Problem der Einsamkeit und der Entfremdung zu lösen, sondern auch die gesellschaftliche Kohäsion zu stärken. In einer solchen Gemeinschaft stünde nicht der einzelne, sondern das Kollektiv im Mittelpunkt – mit all seinen Facetten, Bedürfnissen und Stärken. Der Austausch von Wissen, Erfahrungen und Lebensweisheiten könnte helfen, die tiefen Gräben zu überwinden, die die moderne Gesellschaft prägen.

Gleichzeitig könnte eine solche Gemeinschaft ein Modell für nachhaltiges Leben darstellen. Durch das Teilen von Ressourcen und das gegenseitige Unterstützen könnte der individuelle ökologische Fußabdruck verkleinert werden, und gleichzeitig könnten alternative, ressourcenschonendere Lebensweisen entwickelt und weitergegeben werden.

Eine Geschichte der Generationen

Es war einmal ein kleines Dorf, eingebettet in die weiten, grünen Hügel Kroatiens und umgeben von tiefen Wäldern. In diesem Dorf lebte die Familie Kováč, ein harmonisches Beispiel für die enge Bindung zwischen den Generationen. Die Familie bestand aus drei Generationen: Großmutter Emilia, die in einer kleinen Hütte am Waldrand lebte, ihrem Sohn Tomas und seiner Frau Marta, die mit ihren zwei Kindern, Viktor und Anna, im Dorfzentrum wohnten.

Emilia war die Hüterin des Wissens, das über Generationen hinweg bewahrt wurde. Sie kannte sich aus mit den Geheimnissen des Waldes, wusste, welche Kräuter heilend waren und kannte die alten Geschichten, die von den Ahnen erzählt wurden. Ihre Küche war ein Ort der Erinnerung, an dem die Gerichte, die seit Jahrhunderten in der Familie weitergegeben wurden, noch immer mit Liebe und Hingabe zubereitet wurden.

Tomas und Marta, die oft in der Stadt arbeiteten, versuchten, das moderne Leben mit den Werten und Traditionen ihrer Familie zu verbinden. Dennoch verloren sie sich oft in der Hektik der Großstadt, bis sie an den Wochenenden in das kleine Haus am Waldrand zurückkehrten, wo die Verbindung zwischen den Generationen lebendig war.

Die Kinder, Viktor und Anna, verbrachten ihre Zeit mit Emilia, lauschten ihren Geschichten und lernten von ihr. Besonders Viktor, der älteste Enkel, war von den Erzählungen seiner Großmutter fasziniert. „Wie war das Leben früher, Großmutter?", fragte er oft. „Wie war es ohne all die Technik?"

Emilia antwortete ihm mit einem Lächeln: „Es war nicht leichter, mein Junge, aber es war tiefer. Wir hatten Zeit, einander zuzuhören, die Welt um uns zu verstehen. Es gab Raum für Gespräche, für Lachen und für Tränen. Wir wussten, dass wir füreinander da waren – heute und auch morgen."

Diese Weisheit, diese tiefe Verbundenheit mit der Vergangenheit, die Emilia vermittelte, hinterließ einen bleibenden Eindruck bei Viktor. Er erkannte, dass das Leben mehr war als die schnelle, hektische Bewegung der modernen Welt. Die Geschichte seiner Großmutter verband ihn mit einer tieferen Dimension des Lebens – der Verbindung zu den Wurzeln, zu denen, die vor uns waren, und zu denen, die nach uns kommen.

Als Viktor älter wurde und in die Stadt zog, besuchte er weiterhin jedes Wochenende die Familie und führte die Gespräche mit Emilia weiter. Sie blieb der Ort, an dem er sich erden konnte, der Platz, an dem er immer wieder zu den fundamentalen Wahrheiten des Lebens zurückkehren konnte.

Und als Emilia schließlich älter wurde und an ihre letzten Tage dachte, wusste Viktor, dass es an ihm war, die Weisheiten der Älteren in die Zukunft zu tragen, die Verbindungen zwischen den Generationen zu bewahren und die Erinnerung an die Traditionen, die die Familie prägten, zu ehren.

Fragen zum Nachdenken:

- Wie könnten intergenerationelle Gemeinschaften in unserer modernen Gesellschaft aussehen? Welche praktischen Herausforderungen gäbe es, und wie könnten sie überwunden werden?

- Was könnte sich verändern, wenn alle Generationen sich gegenseitig unterstützen würden? Welche Vorteile hätte das für das persönliche Wohl und die Gesellschaft insgesamt?

Die Suche nach einem tieferen Sinn

Die Suche nach einem tieferen Sinn

Es gibt Momente im Leben, die uns aus der Routine reißen, Momente, die uns zwingen, über den Sinn unseres Daseins nachzudenken. Die Welt scheint oft von außen her kontrolliert zu werden: durch die Erwartungen der Gesellschaft, durch unsere eigenen Ziele, durch den ständigen Druck, mehr zu leisten, mehr zu haben und immer weiter voranzukommen. Doch in dieser Hektik kann der wahre Sinn des Lebens oft verloren gehen. Es ist eine Reise, die nicht von äußeren Dingen abhängt, sondern von der Fähigkeit, in sich selbst zu finden, was wir wirklich suchen.

Es gibt zahllose selbst ernannte Gurus und spirituelle Führer, die behaupten, den Weg zur wahren Erfüllung zu kennen. Sie bieten uns ihre angeblich geheiligte Weisheit an, verkaufen „heilige" Praktiken, die zu innerem Frieden führen sollen, oder versprechen, dass uns ihre Geheimnisse zu einem höheren Bewusstsein verhelfen. Doch häufig sind diese sogenannten „Lehrer" nichts anderes als geschickte Manipulatoren, die

die Sehnsüchte und Ängste der Menschen ausnutzen, um ihre eigenen materiellen Ziele zu verfolgen. Sie bieten ihre „Erleuchtung" in Form teurer Seminare, exklusiver Kurse oder esoterischer Produkte an und verschleiern dabei die wahre Natur des Lebens.

Vor allem die New-Age-Bewegung ist oft ein Feld für solche Täuschungen. Sie verspricht Antworten auf die großen, existenziellen Fragen, doch oft steckt hinter diesen Versprechungen nichts anderes als leere Rhetorik und kommerzielle Absichten. Menschen, die auf der Suche nach einem tieferen Sinn sind, geraten in die Falle solcher Scharlatane, die sie mit der Vorstellung locken, dass eine bestimmte Lehre oder eine bestimmte Person ihnen die Antwort auf all ihre Fragen geben kann. Doch der wahre Weg zu Erfüllung und innerer Weisheit führt nicht über äußere Quellen, sondern beginnt in uns selbst.

Der wahre Sinn des Lebens lässt sich nicht in einer einfachen Formel oder durch das Befolgen der Ratschläge eines anderen finden. Er ist ein individueller, persönlicher Prozess, der tief in unserem Inneren verankert ist und nur durch Selbstreflexion und das Erkennen unserer eigenen Werte zugänglich wird. Die spirituelle Reise ist nicht etwas, das uns von außen diktiert wird, sondern etwas, das von innen heraus wächst.

Die Suche nach diesem tieferen Sinn muss nicht in spektakulären oder weltbewegenden Taten resultieren. Oft sind es die kleinen, alltäglichen Momente, die uns die größte Erfüllung bringen. Ein Gespräch mit einem Freund, der Augenblick des Friedens in der Natur oder das Engagement in einer Gemeinschaft, die uns unterstützt, sind genauso wertvoll und tiefgehend wie jede spirituelle Offenbarung.

Doch diese Reise verlangt auch von uns, kritisch zu hinterfragen, was wir als Wahrheit akzeptieren. Die Welt bietet unzählige Angebote an spirituellen Praktiken und Lehrern, doch nicht alles, was glänzt, ist Gold. Die wahre Suche nach einem tieferen Sinn erfordert, dass wir uns von falschen Propheten befreien und unseren eigenen authentischen Weg finden.

Die Stille im Lärm

Liam hatte das Gefühl, als ob die Welt um ihn herum in einem ständigen, unerbittlichen Tempo weiterging. Die Hektik Londons war unaufhörlich, das Summen der Menschenmengen, das Rauschen des Verkehrslärms und das ständige Dröhnen der U-Bahn schienen nie zur Ruhe zu kommen. Die Straßen, die

ihm einst vertraut waren, hatten sich in einen unauf-
haltsamen Strom verwandelt, dem er sich nur schwer
entziehen konnte. Als er das Büro verließ, fühlte es
sich oft an, als ob er von einem Ort des Chaos in den
nächsten eilte. Die Tage flogen nur so vorbei, jeder wie
der andere, und die Entfremdung, die er fühlte, war
fast greifbar. Die Skyline der Stadt zog sich wie ein
riesiges, unaufhörliches Labyrinth in den Himmel, und
doch fühlte er sich kleiner und unsichtbarer als je zuvor.

Liam war ein Mann der Mitte Dreißigerjahre, gefangen im Pendel zwischen Erfolg und innerer Leere.
Er hatte eine gut bezahlte Stelle in einer der angesehe-
nen Marketingagenturen der Stadt, ein modernes
Apartment in Shoreditch und alles, was auf dem Papier
Erfolg versprach. Doch je mehr er sich in diesem
Kosmos von Konferenzen, Events und sozialen Medi-
en bewegte, desto mehr stellte er fest, wie leer das alles
war. Das ständige Streben nach Anerkennung, der nie
endende Druck, „mehr" zu sein, der ständige Vergleich
mit den Leben anderer, ließ ihn zunehmend zermürbt
zurück. Die soziale Fassade, die er aufbaute, war nichts
anderes als eine Illusion. In den ruhigen Momenten,
wenn der Lärm der Stadt verstummte, blieb eine leere
Stille, die immer lauter wurde.

Es war seltsam, dachte Liam oft, wie sich die Stadt um ihn herum verändern konnte, während er selbst das Gefühl hatte, immer mehr zu stagnieren. Die Wochenenden vergingen mit Fluchtversuchen in Form von Partys, Kinoabenden oder teuren Restaurantbesuchen, doch es fühlte sich immer mehr wie ein flüchtiges Auffüllen einer inneren Lücke an. Er nahm an, dass dies das Leben war, dass alle führten – der ständige Drang nach mehr, das Streben nach dem nächsten Erfolg, der nächste Instagram-Post, der nächste große Event. Doch tief im Inneren wusste er, dass es mehr geben musste. In den Gesprächen mit seinen Kollegen hörte er oft von den neuesten Life-Coachings, Achtsamkeitsseminaren und „Selbstverwirklichung"-Büchern, die die sozialen Medien überfluteten. Sie alle schienen den gleichen Weg zu gehen: weiter, höher, schneller – doch es wirkte, als ob niemand wirklich angekommen war.

Ein schicksalhafter Tag änderte jedoch alles. Liam saß in einem Café in der Nähe der Tower Bridge, als er seine Freundin Emily traf. Sie war eine der wenigen Menschen, mit denen er eine echte Verbindung spürte. Sie hatte eine Zeit lang in Indien verbracht, Yoga und Meditation praktiziert und war nach London zurückgekehrt, um die Geschäftswelt mit einer ganz anderen Perspektive zu betrachten. Ihre Haltung war ruhig, fast schon gelassen, und während Liam sie ansah, fühlte er sich von ihrem inneren Frieden förmlich angezogen. Emily hatte etwas, das er sich immer gewünscht hatte, aber nie wirklich verstanden hatte.

„Es gibt immer einen Moment der Stille inmitten des Chaos", sagte sie einmal zu ihm, als sie zusammen einen Tee tranken und den Blick auf die geschäftige Brücke genossen.

„Ich bin mir nicht sicher, ob ich das jemals finden werde", antwortete er, das Gefühl der Erschöpfung aus der vergangenen Woche noch in seinen Gliedern spürend.

„Du musst es nicht suchen", sagte sie einfach und nahm einen tiefen Schluck Tee. „Es ist schon da. Es ist nur, dass wir es übersehen."

Liam konnte die Bedeutung dieser Worte nicht sofort begreifen. Doch sie blieben bei ihm, hallten in seinen Gedanken nach. Als er nach Hause ging und die Straßen von London erneut durchquerte, bemerkte er plötzlich, wie sehr er sich von allem entfremdet hatte. Der Drang, immer mehr zu tun und zu erreichen, hatte ihn in einen Strudel von Aktivitäten und Zielen getrieben, die keinen tieferen Sinn mehr ergaben. Die flimmernden Lichter der Stadt, die endlosen Werbetafeln, die auffälligen Werbungen auf den digitalen Screens in der U-Bahn – all das wirkte plötzlich nur noch oberflächlich. Die Suche nach Erfolg und Anerkennung war für ihn wie ein ewiger Wettlauf, der keine wirkliche Zielgerade hatte.

„Warum tue ich das alles?", fragte sich Liam oft. Er hatte das Gefühl, in einem Rennen zu sein, bei dem er nicht wusste, wohin es führte. Er hatte keine Antwort auf diese Frage. Aber ein leises Gefühl der Leere begleitete ihn.

In den folgenden Tagen und Wochen begann Liam, sich anders zu fragen: Was war der wahre Sinn all dessen? Was war der wahre Wert eines Lebens, das ständig von äußeren Erwartungen und Konsum getrieben wurde? Die ständige Jagd nach dem nächsten großen Erfolg, der beständigen Bestätigung durch die sozialen Medien, schien zunehmend leerer und unerfüllter. Wie konnte er sich von den unaufhörlichen Forderungen der Welt und den sozialen Medien befreien, die immer mehr Aufmerksamkeit und Bestätigung verlangten? Wie konnte er einen Moment der Stille finden, in dem er nicht von den äußeren Anforderungen seiner Umgebung bestimmt wurde?

Er erinnerte sich an Emily's Worte und spürte plötzlich, wie sie in ihm nachhallten: „Es ist schon da. Es ist nur, dass wir es übersehen." Und während er weiterhin von Meeting zu Meeting eilte, versuchte er, mit jedem Schritt in die Stadt hinein, einen Moment der Stille zu finden. Eine Minute ohne das Summen des ständigen Geräusches. Einen Atemzug inmitten der lauten Welt, um zu erkennen, dass der wahre Sinn nicht im Streben nach immer mehr lag, sondern in den leisen Momenten der Zufriedenheit und Präsenz.

Es war nicht einfach, diese neue Perspektive zu leben. Liam kämpfte gegen die Gewohnheiten an, die so tief in seinem Alltag verwurzelt waren. Doch langsam fand er Wege, mehr in den kleinen Dingen des Lebens Zufriedenheit zu finden. Ein Gespräch mit einem Freund, das Lächeln eines Fremden, der Duft von frischem Kaffee an einem sonnigen Morgen – all diese kleinen Momente, die vorher für ihn bedeutungslos gewesen waren, begannen, ihm mehr zu geben, als all die Erfolge, die er zuvor so sehr angestrebt hatte.

Liam begann, sich bewusst Zeit für solche Momente zu nehmen. An einem besonders hektischen Tag, als alles um ihn herum zu zerbrechen schien, setzte er sich in einen Park in der Nähe seines Büros. Für einen Augenblick ließ er sich einfach in der Stille nieder, die der Park bot. Die Vögel zwitscherten, die Blätter bewegten sich sanft im Wind, und es schien, als ob die Zeit für einen Moment stillstand. Es war ein kleiner, aber entscheidender Moment, in dem er sich mit sich selbst versöhnen konnte, ohne den ständigen Lärm der Welt um ihn herum.

Es gab immer noch Tage, an denen er sich von den gewohnten Zielen ablenken ließ und das Gefühl hatte, wieder in den alten Rhythmus zurückzukehren. Doch jetzt hatte er ein neues Verständnis. Der wahre Wert seines Lebens lag nicht in der Jagd nach Anerkennung oder Besitz, sondern in der Fähigkeit, in den kleinen Momenten des Lebens wirklich zu leben. Und so begann er, die hektische Geschwindigkeit von London nicht mehr als etwas zu fürchten, das ihn verschluckte, sondern als eine Bühne, auf der er selbst die Kontrolle über die eigene Wahrnehmung hatte.

Und so ging Liam weiter, durch die Straßen Londons, jedoch mit einer neuen Einstellung. Die Stadt war immer noch dieselbe, voller Lärm und Menschen, doch er sah sie jetzt mit anderen Augen. Die wahre Erfüllung lag nicht in der Flucht aus der Stadt oder dem Streben nach Erfolg – sie lag im Augenblick. In den kleinen Momenten der Stille und Präsenz, die in der schnelllebigen Welt übersehen wurden.

Und während die Menschen um ihn herum weiterhin in ihrem hektischen Rhythmus lebten, begann Liam zu verstehen, dass der wahre Frieden nicht durch das Entfernen von sich aus der Welt zu finden war – er lag darin, den Moment zu leben, genau da, wo er war. Inmitten des Lärms.

Fragen zum Nachdenken:

- Welche Dinge in deinem Leben gaben dir bisher das Gefühl, dass du erfüllt bist? Sind es äußere Erfolge oder eher innere, persönliche Erfahrungen?
- Wie kannst du im Alltag mehr Raum für Momente der Achtsamkeit und des inneren Friedens schaffen, ohne dich von äußeren Erwartungen und Druck leiten zu lassen?
- Glaubst du, dass es möglich ist, den wahren Sinn des Lebens in den einfachen, alltäglichen Erfahrungen zu finden, statt in großem Erfolg oder materiellen Besitztümern? Warum oder warum nicht?

Vertrauen in die Ungewissheit und die eigenen Fähigkeiten

Vertrauen in die Ungewissheit und die eigenen Fähigkeiten

Das Leben ist voller Ungewissheiten – von Veränderungen, die uns nicht vorhersehbar erscheinen, bis hin zu Herausforderungen, die uns auf den ersten Blick überwältigen. In diesen Momenten stellt sich oft die Frage, wie wir mit dem Unerwarteten umgehen können. Auf den ersten Blick kann die Ungewissheit beängstigend wirken. Doch die wahre Stärke liegt nicht nur in der Fähigkeit, mit dieser Ungewissheit zu leben, sondern auch in der Erkenntnis, dass wir in der Lage sind, uns selbst durch sie zu navigieren.

Die Bedeutung von Ungewissheit im Leben

Ungewissheit ist ein natürlicher Bestandteil des Lebens. Es gibt keine Garantie dafür, dass der Weg, den wir heute gehen, immer klar und eben bleibt. Die Zukunft ist nicht nur unvorhersehbar, sondern sie verändert sich ständig. In einer Welt, die sich immer weiterentwickelt, ist es ein Trugschluss zu glauben, dass wir die Kontrolle über alles haben. Die Illusion der Sicherheit, die durch die Vorstellung erzeugt wird, alles bis ins kleinste Detail planen zu können, kann uns eher behindern, als uns zu helfen. Es ist vielmehr die Fähigkeit, Ungewissheit zu akzeptieren und sie als Chance für persönliches Wachstum zu begreifen, die uns voranbringt.

Wahrhaftige Freiheit entsteht nicht durch den ständigen Versuch, alles zu kontrollieren, sondern durch das Vertrauen in uns selbst. Wenn wir in der Lage sind, uns inmitten von Unsicherheit zu bewegen und darauf zu vertrauen, dass wir uns den Herausforderungen stellen können, dann werden wir entdecken, dass wir sogar in schwierigen Zeiten über uns hinauswachsen können.

Die Rolle der Ungewissheit als Katalysator für Veränderung

Der Wandel ist eine Konstante im Leben, und Ungewissheit ist der Motor, der diesen Wandel vorantreibt. Wenn wir uns dem Unbekannten hingeben und darauf vertrauen, dass wir in der Lage sind, damit umzugehen, fördern wir unsere Kreativität und Flexibilität. In einer unsicheren Welt wissen wir oft nicht, was der nächste Tag bringen wird. Doch wir können uns darauf vorbereiten, wie wir auf neue Herausforderungen reagieren, uns anpassen und Lösungen finden. Das bedeutet nicht, passiv zu werden, sondern proaktiv und offen für neue Möglichkeiten zu bleiben.

Vertrauen in die eigenen Fähigkeiten

Ein entscheidender Schritt im Umgang mit Ungewissheit ist das Vertrauen in die eigenen Fähigkeiten. Wenn wir wissen, was wir können, wenn wir uns unserer Stärken bewusst sind, gewinnen wir Sicherheit. Inmitten der Ungewissheit müssen wir uns daran erinnern, dass es nicht nur darauf ankommt, was uns widerfährt, sondern darauf, wie wir darauf reagieren. Wenn wir wissen, wie wir unsere Ressourcen nutzen können – sei es Wissen, Erfahrung oder unsere Intuition – dann können wir selbst in den schwierigsten Momenten bestehen.

Vertrauen in uns selbst bedeutet nicht, dass wir niemals Hilfe benötigen. Es bedeutet jedoch, dass wir uns bewusst sind, wie viel wir bereits in uns tragen. Oft ist es so, dass wir unsere eigenen Stärken und Fähigkeiten unterschätzen und uns zu sehr auf externe Hilfe verlassen. Doch wenn wir unsere eigene innere Stärke entdecken und uns auf diese stützen, schaffen wir ein Fundament, das uns langfristig auch durch schwierige Zeiten trägt.

Die Balance zwischen Kontrolle und Vertrauen

Es geht nicht darum, die Kontrolle vollständig aufzugeben, sondern zu erkennen, dass wir nicht über alles Kontrolle haben können. Unsere Energie sollte darauf verwendet werden, in den Bereichen, die wir beeinflussen können, Entscheidungen zu treffen und Verantwortung zu übernehmen, während wir gleichzeitig die Akzeptanz für das entwickeln, was wir nicht ändern können. Wenn wir erkennen, dass es bestimmte Dinge gibt, die wir nicht beeinflussen können, können wir unsere Energie in die Bereiche lenken, die uns tatsächlich stärken – unsere Haltung und unsere Reaktion auf die Ungewissheit.

Die Kunst liegt darin, die Balance zwischen Kontrolle und Vertrauen zu finden. Wir müssen lernen, uns selbst genug zu vertrauen, um zu akzeptieren, dass nicht alles nach Plan verläuft und dass wir oft stärker und flexibler sind, als wir uns zutrauen. Diese Balance ermöglicht es uns, auch in schwierigen Zeiten nicht in Panik zu geraten, sondern klar und ruhig zu bleiben.

Eine Geschichte des Vertrauens in die Ungewissheit

Es war einmal ein junger Mann namens Lukas, der in einem kleinen Bauernhof im Schwarzwald lebte. Lukas war ein Mann, der das Leben stets bis ins kleinste Detail plante. Er liebte die Kontrolle und war der festen Überzeugung, dass, wenn er alles richtig machte, er die Herausforderungen des Lebens bewältigen könnte. Doch eines Tages zog ein unerbittlicher Sturm über das Dorf und zerstörte die Ernte, die die Dorfgemeinschaft über Monate hinweg gepflegt hatte. Das Unvorhersehbare, das Lukas in seiner Planung nie berücksichtigt hatte, hatte ihn völlig überwältigt.

Völlig verzweifelt, weil er keine Lösungen fand und nicht wusste, wie es weitergehen sollte, entschloss er sich, zu seinem Großvater zu gehen, der für seine Gelassenheit und Weisheit bekannt war. Der Großvater lebte in einem abgelegenen Teil des Waldes, und sein Hof war – wie durch ein Wunder – vom Sturm verschont geblieben.

Lukas fand den Großvater in seinem Garten, ruhig und konzentriert bei der Arbeit. Es war eine ungewöhnliche Szene, denn während der Sturm das Dorf in Chaos gestürzt hatte, blieb der alte Mann völlig unbeeindruckt. Lukas setzte sich neben ihn und begann, ihm von der Zerstörung und der Unsicherheit zu erzählen, die das Dorf in den Abgrund zu reißen drohte.

„Opa, wie hast du immer so ruhig bleiben können?", fragte Lukas verzweifelt. „Wie gehst du mit dem um, was du nicht kontrollieren kannst?"

Der Großvater legte seine Arbeit nieder und schaute Lukas mit einem Lächeln an. „Lukas, du hast viel gelernt, um Dinge zu kontrollieren, doch wahre Stärke liegt nicht in der Kontrolle, sondern im Vertrauen, dass du mit dem umgehen kannst, was kommt. Wenn du das verstehst, dann kannst du alles bewältigen – selbst das, was du nicht vorhersehen kannst."

„Aber was, wenn ich nicht weiß, was kommt?" fragte Lukas.

„Dann vertraue auf das, was du schon weißt", antwortete der Großvater. „Vertraue auf deine Fähigkeiten und das Wissen, das du dir im Leben angeeignet hast. Wenn du deinen inneren Kompass nutzt und dich mit anderen Menschen verbindest, wirst du Lösungen finden. Die Frage ist nicht, ob du die Kontrolle hast, sondern wie du mit der Ungewissheit umgehst. Wenn du erkennst, dass du nicht allein bist und dass es immer Wege gibt, wirst du sehen, dass du mehr kannst, als du je gedacht hast."

Lukas nahm sich die Worte seines Großvaters zu Herzen. Er begann, das Dorf mit einem neuen Blick zu betrachten – nicht als Ort der Zerstörung, sondern als eine Gemeinschaft, die zusammenhalten musste. Er fand Wege, sich der Herausforderung zu stellen, und mit der Zeit gelang es ihm, das Dorf wieder aufzubauen. Lukas hatte gelernt, die Ungewissheit zu akzeptieren und zu nutzen, anstatt sie als Bedrohung zu sehen. Durch diese Reise des Vertrauens in sich selbst und in die Ungewissheit wurde er nicht nur ein besserer Bauer, sondern auch ein weiserer Mensch.

Fragen zum Nachdenken:

- Welche Situationen in deinem Leben verursachen dir Unsicherheit und Angst?
- Wie kannst du deine eigenen Fähigkeiten stärken, um mehr Vertrauen in dich selbst zu entwickeln?
- Was würde passieren, wenn du die Kontrolle in bestimmten Bereichen deines Lebens loslässt?
- Wie gehst du mit der Ungewissheit um, die das Leben mit sich bringt?

Die Wahrheit im Spiegel-Was bedeutet es, sich selbst ehrlich zu betrachten und sich der eigenen Wahrheit zu stellen?

Die Wahrheit im Spiegel-Was bedeutet es, sich selbst ehrlich zu betrachten und sich der eigenen Wahrheit zu stellen?

In unserem Leben, das von äußeren Erwartungen und gesellschaftlichen Normen geprägt ist, kann es schwierig sein, die eigene Wahrheit zu erkennen. Von klein auf lernen wir, uns in die Erwartungen anderer einzufügen, uns anzupassen und Rollen zu übernehmen, die von der Gesellschaft vorgegeben werden. Doch je länger wir diese Masken tragen, desto weiter entfernen wir uns von unserem wahren Selbst. In einer Welt, die von äußeren Bildern und Meinungen geprägt ist, ist es eine der größten Herausforderungen, uns selbst zu erkennen und zu akzeptieren.

Der innere Spiegel und seine Offenbarung

Der Spiegel, der uns unser Äußeres zeigt, kann dabei als Symbol für den inneren Spiegel dienen, der uns eine viel tiefere Wahrheit offenbart – jene über unseren inneren Zustand, unsere Wünsche, Ängste und unser wahres Wesen. Doch dieser innere Spiegel ist nicht immer leicht zu ertragen, weil er uns mit der Realität konfrontiert, die wir vielleicht lieber ignorieren würden. Oft verdrängen wir unsere wahren Gefühle, Ängste und Bedürfnisse, um den Anforderungen der Gesellschaft gerecht zu werden. Doch dieser innere Widerstand ist der Grundstein für das Gefühl der Unzufriedenheit, das viele Menschen tief in sich tragen.

Es ist leicht, sich hinter der Fassade eines erfolgreichen Lebens zu verstecken, das von äußeren Normen und Erwartungen geprägt ist. Doch je mehr wir uns von unserem wahren Selbst entfernen, desto leerer wird das Leben, und desto stärker wird der Drang, uns wiederzufinden. Der innere Spiegel spiegelt nicht nur das, was wir sehen wollen, sondern auch das, was wir zu oft übersehen oder vermeiden. Er zeigt uns die Wahrheit, die wir tief in uns tragen – über unsere Wünsche, unsere Ängste und die wahre Bedeutung des Lebens.

Die Gesellschaft als Spiegelbild

In der Gesellschaft sehen wir oft Bilder von Erfolg, Schönheit und Glück, die uns suggerieren, wie unser Leben aussehen sollte. Doch diese Bilder sind oft verzerrt, unrealistisch und in vielen Fällen weit entfernt von der Wahrheit. Sie sind von Menschen und Medien geschaffen, die ein Bild von Perfektion vermitteln wollen, das nicht der Realität entspricht. Diese verzerrten Spiegelbilder können uns das Gefühl geben, unzulänglich zu sein. Der ständige Vergleich mit den scheinbar perfekten Leben anderer verstärkt oft das Gefühl der Entfremdung von unserem wahren Selbst. Wir passen uns diesen Erwartungen an, oft ohne zu merken, dass wir uns selbst verlieren.

Was passiert, wenn wir uns diesen gesellschaftlichen Spiegeln verweigern? Wenn wir anfangen, die Realität hinter den Fassaden zu erkennen und zu hinterfragen? Genau hier beginnt der wahre Weg zur Selbstfindung. Es geht darum, sich von den äußeren Erwartungen zu befreien und einen eigenen Weg zu finden, der uns mit unserer wahren Essenz verbindet. Der Schlüssel liegt darin, die sozialen Masken abzulegen und die Vorstellung zu hinterfragen, dass wir immer den Erwartungen anderer entsprechen müssen, um uns selbst als wertvoll zu empfinden.

Der Mut, sich selbst zu begegnen

Die größte Herausforderung auf diesem Weg ist oft der Mut, sich selbst in der vollen Wahrheit zu betrachten. Viele von uns haben jahrelang Masken getragen – sei es die Rolle des perfekten Mitarbeiters, des immer freundlichen Nachbarn oder des vorbildlichen Familienmitglieds. Wir haben uns darauf konzentriert, was andere von uns erwarten, statt das zu leben, was wir wirklich wollen. Wir verstricken uns in den Rollen, die die Gesellschaft für uns vorgibt, und vergessen dabei, wer wir wirklich sind.

Wenn wir uns jedoch dem Spiegel stellen, können wir diese Masken ablegen und uns selbst in unserer ganzen Unvollkommenheit und Schönheit erkennen. Es kann schmerzhaft sein, uns mit unseren Schwächen, Ängsten und Fehlern auseinanderzusetzen. Doch gerade in diesem Schmerz liegt die Möglichkeit der Transformation. Indem wir uns unseren Fehlern stellen, können wir beginnen, uns zu heilen und zu wachsen. Wir erkennen, dass wir nicht perfekt sein müssen, um wertvoll zu sein.

Dieser Prozess erfordert eine tiefgreifende Reflexion und die Bereitschaft, uns von alten Glaubenssätzen zu befreien, die uns in der Vergangenheit festhielten. Wir müssen akzeptieren, dass wir nicht perfekt sind, dass wir Fehler machen und dass wir niemals alle Erwartungen erfüllen können. Aber es ist genau diese Unvollkommenheit, die uns menschlich macht, und es ist die Anerkennung dieser Unvollkommenheit, die uns zu einem authentischeren Leben führt.

Die Wahrheit, die uns befreit

Wenn wir uns endlich unserer eigenen Wahrheit stellen, erleben wir eine Art Befreiung. Wir müssen nicht länger die Erwartungen anderer erfüllen oder uns an gesellschaftliche Normen anpassen. Wir können anfangen, das Leben zu leben, das wirklich mit unseren innersten Werten und Wünschen übereinstimmt. Dies bedeutet nicht, dass wir uns von anderen abwenden oder egoistisch werden müssen. Es bedeutet vielmehr, dass wir authentischer und wahrhaftiger in unseren Beziehungen und Handlungen werden. Die wahre Freiheit kommt nicht durch das Befolgen von Regeln und Normen, sondern durch die Fähigkeit, uns selbst treu zu bleiben.

Die Wahrheit im Spiegel zu erkennen, bedeutet, uns selbst zu erlauben, zu wachsen und uns immer wieder neu zu erfinden. Es geht darum, die Geschichte, die wir über uns selbst erzählt haben, neu zu schreiben und die Narrative zu hinterfragen, die uns gefangen hielten. In diesem Prozess wird der innere Spiegel zu einem Werkzeug der Selbstermächtigung. Wir erkennen, dass wir die Schöpfer unserer eigenen Wahrheit sind, und dass wir die Kontrolle über unser Leben zurückgewinnen können. Dieser Prozess ist eine Reise zu uns selbst, die uns tief in unser innerstes Wesen führt. Doch auch dieser Weg ist nicht immer einfach und erfordert oft Geduld, Mut und eine tiefe Auseinandersetzung mit uns selbst.

Die Geschichte von Christina und Ulli: Der Weg zur Selbstfindung

Christina und Ulli waren seit vielen Jahren enge Freunde. Beide hatten ein bewegtes Leben hinter sich und waren sich immer dann begegnet, wenn sie das Gefühl hatten, dass die Welt zu laut und zu fordernd wurde. Ihre Gespräche fanden oft an einem kleinen See statt, an dem sie stundenlang sitzen und reden konnten, während die Stille der Natur sie umgab. Ihre Gespräche waren nicht nur ein Austausch von Gedanken, sondern auch eine Reise zu sich selbst. Sie fanden in den stillen Momenten am See Antworten, die sie in der Hektik des Lebens nicht finden konnten.

Eines Abends, als die Sonne tief über den Bäumen hing, saßen sie gemeinsam auf einer alten Holzbank. Christina war wie immer tief in Gedanken versunken, während Ulli nervös an einem Grashalm zupfte. Die

Stimmung war ruhig, doch etwas Unausgesprochenes lag in der Luft.

„Weißt du, Christina", begann Ulli schließlich, „ich habe das Gefühl, dass ich mein ganzes Leben lang jemand anderes gespielt habe. Ich wollte immer, dass die Leute mich mögen, dass ich erfolgreich wirke. Aber mittlerweile frage ich mich, wer ich eigentlich bin."

Christina sah ihn lange an, als würde sie in ihm lesen. „Das kenne ich gut", sagte sie ruhig. „Man lebt, um Erwartungen zu erfüllen, und irgendwann merkt man, dass man sich selbst verloren hat. Aber weißt du, das ist der Moment, in dem du beginnen kannst, dich zu finden."

„Das klingt so einfach", entgegnete Ulli mit einem bitteren Lächeln. „Aber wie? Wie findet man etwas, das man so lange verdrängt hat?"

Christina stand auf und ging zum Rand des Sees. Sie nahm einen kleinen Stein, warf ihn ins Wasser und zeigte auf die Kreise, die sich ausbreiteten. „Schau dir das an. Der Stein verschwindet, aber die Kreise bleiben. Genau so ist es mit deinem wahren Selbst. Auch wenn du es eine Zeit lang vergessen hast, es ist immer noch da. Es wartet darauf, dass du hinschaust."

Ulli war still, ließ die Worte auf sich wirken. „Aber was, wenn ich das, was ich sehe, nicht mag?"

Christina drehte sich zu ihm um, ihr Blick voller Wärme. „Dann hast du die Chance, es zu verändern. Aber ich glaube, das wird nicht nötig sein. Du wirst sehen, dass du viel mehr bist als deine Zweifel und Ängste. Du bist derjenige, der diese Kreise ins Wasser wirft. Du bist derjenige, der die Kraft hat, neue Wellen zu schlagen."

Die beiden saßen noch lange am See, sprachen über die Masken, die sie im Laufe ihres Lebens getragen hatten, und über die Wahrheit, die darunter verborgen lag. Als die Nacht hereinbrach, hatte Ulli das Gefühl, einen ersten kleinen Blick auf sein wahres Selbst erhascht zu haben – und es fühlte sich nicht so erschreckend an, wie er befürchtet hatte. Es war der Beginn einer Reise, auf der er seine wahre Identität wiederentdeckte.

Fragen zum Nachdenken:

- Was siehst du, wenn du in den „Spiegel" blickst? Welche Teile von dir sind dir unangenehm, und warum?

- Welche Masken hast du in der Vergangenheit getragen, um dich an gesellschaftliche Erwartungen anzupassen? Wie fühlt es sich an, diese abzulegen?

- Was würde es für dich bedeuten, deine wahre Wahrheit zu leben? Welche Schritte müsstest du gehen, um dies zu erreichen?

- In welchen Momenten fühlst du dich am meisten mit deinem wahren Selbst verbunden, und was hindert dich daran, diese Momente in deinem Alltag zu erweitern?

Die wahre Freiheit – Unabhängigkeit von der Meinung anderer

Die wahre Freiheit – Unabhängigkeit von der Meinung anderer

Die wahre Freiheit ist ein Konzept, das nicht oft in der hektischen, von Erwartungen geprägten Welt von heute verstanden wird. Freiheit wird oft mit der Fähigkeit verwechselt, zu tun, was man will, ohne äußere Einschränkungen. Aber wahre Freiheit geht viel tiefer – sie beginnt im Inneren und manifestiert sich in der Unabhängigkeit von den Meinungen und Erwartungen anderer Menschen.

Wir leben in einer Welt, die ständig mit Bewertungen und Urteilen überflutet ist. Die Meinung anderer wird oft zu einem Maßstab für unser eigenes Verhalten. In sozialen Medien, am Arbeitsplatz oder in unseren sozialen Kreisen, wo immer wir uns bewegen, sind die Blicke und Worte der anderen oft das, was uns am meisten beeinflusst. Aber was passiert, wenn wir uns von diesen äußeren Einflüssen befreien? Was passiert, wenn wir die Kontrolle über unser Leben wieder vollständig übernehmen, anstatt uns von den Erwartungen und Urteilen anderer leiten zu lassen?

Die Freiheit zu sich selbst zu stehen

Wahre Freiheit bedeutet, sich nicht mehr von der Angst vor Ablehnung, Verurteilung oder den Urteilen anderer Menschen kontrollieren zu lassen. Sie ist die Fähigkeit, zu sich selbst zu stehen, auch wenn der Rest der Welt nicht versteht oder mit den eigenen Entscheidungen nicht einverstanden ist. Diese Freiheit erfordert Mut, weil es bedeutet, sich in einem Meer von Meinungen und Erwartungen zu behaupten und den eigenen Weg zu gehen, auch wenn er sich vom Mainstream unterscheidet.

Für viele von uns ist es eine Herausforderung, sich dieser Freiheit zu nähern, besonders wenn wir in einer Gesellschaft leben, die den Erfolg und das Wohl der Menschen oft in äußerlichen Maßstäben misst. Es erfordert tiefes Vertrauen in sich selbst, zu erkennen, dass der eigene Wert nicht von der Zustimmung anderer abhängt. Wenn wir uns selbst akzeptieren und in unserem Inneren Frieden gefunden haben, spielen die Urteile anderer keine Rolle mehr. Wir sind dann nicht mehr das Produkt der Meinungen und Bewertungen der Welt um uns herum, sondern wir sind die Schöpfer unserer eigenen Identität.

Die Fesseln der Meinung anderer

In der heutigen Welt, die zunehmend von sozialen Medien und ständigen Vergleichen geprägt ist, wird es immer schwieriger, sich nicht von der Meinung anderer beeinflussen zu lassen. Facebook, Instagram, Twitter – all diese Plattformen vermitteln den Eindruck, dass das Leben der anderen immer aufregender, schöner und erfolgreicher ist. Wir vergleichen uns ständig und fühlen uns oft unzulänglich, weil wir den Eindruck haben, dass wir nicht den Erwartungen entsprechen, die die Gesellschaft an uns stellt. Doch wahre Freiheit liegt genau in der Befreiung von diesen äußeren Zwängen. Solange wir unsere Entscheidungen und unser Verhalten an den Maßstäben und Erwartungen anderer ausrichten, verlieren wir einen wesentlichen Teil unserer inneren Unabhängigkeit.

Es ist von großer Bedeutung zu erkennen, dass niemand die Wahrheit über unser Leben hat, außer uns selbst. Was andere über uns sagen oder denken, reflektiert oft nur ihre eigenen Ängste, Projektionen und Wünsche, aber es sagt nichts über unsere wahre Identität aus. Wir sind nicht die Summe dessen, was andere in uns sehen oder was sie über uns sagen – wir sind viel mehr.

Selbstbestimmung als Schlüssel zur Freiheit

Selbstbestimmung ist der Schlüssel zu wahrer Freiheit. Es bedeutet, dass du die Kontrolle über dein Leben zurückeroberst und selbst entscheidest, wie du auf die Meinungen und Urteile anderer reagierst. Du musst nicht jedem gefallen, du musst dich nicht ständig an den Maßstäben der Gesellschaft messen. Wahre Freiheit kommt nicht von äußeren Bestätigungen, sondern von der inneren Gewissheit, dass du auf dem richtigen Weg bist, weil du ihn selbst gewählt hast.

Die Fähigkeit, die Meinung anderer loszulassen, ist eine der größten Formen der inneren Stärke. Sie befreit uns von der Last, immer gefallen zu müssen, und eröffnet uns die Möglichkeit, uns selbst zu verwirklichen. Du bist der Schöpfer deiner eigenen Realität, und deine Freiheit entsteht, wenn du die Verantwortung für dein Leben vollständig übernimmst.

Benny und der Weg zur Freiheit

Benny war ein gewöhnlicher Mann, der von klein auf eine besondere Faszination für die Shaolin-Mönche hegte. Ihr diszipliniertes Leben, ihre Stärke und die Ruhe, die sie ausstrahlten, beeindruckten ihn zutiefst. Doch in der Welt, in der Benny lebte, schien dieser

Traum nichts weiter als eine Kindheitsphantasie zu sein. Seine Eltern träumten davon, dass er ein „vernünftiger" Berufsmensch wurde, und auch seine Freunde hielten seine Träume für unrealistisch. „Warum etwas so Radikales tun?", fragten sie sich. „Du kannst doch nicht alles aufgeben und in ein Kloster gehen."

Trotz des Drucks der Gesellschaft und der Menschen um ihn herum ließ Benny seinen Traum nie ganz los. Jahr für Jahr wuchs in ihm das Gefühl, dass er in einem Leben lebte, das nicht wirklich seins war. Der Bürojob, den er einst begonnen hatte, machte ihn immer unglücklicher. Jeder Tag fühlte sich wie ein weiterer Schritt in eine Richtung, die nicht seine eigene war. Doch es war eine tiefe innere Unruhe, die in ihm brodelte, die ihm zeigte, dass er mehr wollte. Eines Abends, nach einem besonders frustrierenden Arbeitstag, stand Benny vor seinem Spiegel und stellte sich die Frage: "Wenn ich so weitermache, werde ich dann je wirklich frei sein?"

In dieser Nacht traf er eine Entscheidung. Er kündigte seinen Job, verkaufte sein Auto und kündigte seine Wohnung. Die Reaktionen seiner Familie und Freunde waren erschütternd. „Was machst du da?", fragte sein bester Freund entsetzt. „Du wirst es bereuen, alles aufzugeben." doch Benny blieb standhaft. Er hatte den Mut, seinen eigenen Weg zu gehen, unabhängig davon, was andere dachten.

Der Weg war nicht leicht. Als Benny im Shaolin-Kloster ankam, erwarteten ihn harte körperliche und mentale Herausforderungen. Die Tage begannen vor Sonnenaufgang mit stundenlangen Trainingseinheiten und Meditation. Benny kämpfte mit Zweifeln und Selbstkritik. Er fragte sich oft, ob er stark genug war, um diesen Weg zu gehen.

Doch inmitten der täglichen Herausforderungen erlebte er eine bedeutende Erkenntnis: Die größte Hürde, die ihn zurückhielt, war nicht die Meinung der anderen – es war die Stimme in seinem Kopf, die ihm einredete, nicht gut genug zu sein. Diese innere Stimme, die ständig an ihm zweifelte, war der wahre Feind seiner Freiheit. Benny erkannte, dass wahre Freiheit darin lag, diese Stimme zu überwinden, die Verantwortung für sein Leben zu übernehmen und sich selbst zu vertrauen.

Mit der Zeit wuchs Benny nicht nur in körperlicher Stärke, sondern auch in innerer Ruhe. Er fand den Frieden, den er immer gesucht hatte. Er lernte, dass wahre Freiheit nicht bedeutet, der Welt zu entfliehen, sondern dass sie entsteht, wenn man mutig genug ist, den eigenen Weg zu gehen, ohne sich von den Meinungen anderer aufhalten zu lassen.

Jahre später kehrte Benny in seine Heimat zurück. Er war ein anderer Mensch geworden – stärker, ruhiger und gelassener. Als die Menschen ihn fragten, was sein Geheimnis sei, antwortete er mit einem Lächeln: "Das Geheimnis ist, dass ich aufgehört habe, mich in den Spiegeln der anderen zu suchen. Ich habe mich entschieden, der zu sein, der ich wirklich bin – frei von den Erwartungen der Welt."

Fragen zum Nachdenken:
- Welche Träume hast du vielleicht schon lange in dir, die du aus Angst vor den Meinungen anderer nicht verfolgt hast?
- Was könntest du aufgeben, um mehr Freiheit in deinem Leben zu gewinnen?
- Wie kannst du heute den ersten Schritt machen, um deinem inneren Weg zu folgen?

Der Wandel der Werte – Die neue Ära des Bewusstseins

Der Wandel der Werte – Die neue Ära des Bewusstseins

In den vergangenen Jahrzehnten hat sich unsere Welt dramatisch verändert. Wo früher materielle Ziele und der Konsum das Streben vieler Menschen bestimmten, rücken heute zunehmend tiefere, spirituelle und persönliche Werte in den Fokus. Der Wandel ist dabei nicht nur ein kollektiver Trend, sondern spiegelt sich auch im Leben jedes Einzelnen wider. Immer mehr Menschen sehnen sich nach einem bewussteren Leben, nach innerer Freiheit und einer echten Verbindung zu sich selbst und anderen. Doch dieser Wandel ist nicht nur eine Einladung, alte Strukturen abzulegen – er fordert uns auch dazu auf, neue Werte zu erkennen und mit den bewährten zu verbinden.

Die Bedeutung des Wandels der Werte

Die moderne Gesellschaft ist nicht nur von schneller Vernetzung und wachsender Digitalisierung geprägt, sondern auch von einer zunehmenden Unzufriedenheit mit oberflächlichen Werten, die lange Zeit vorherrschend waren. Das Streben nach ständiger Leistung, das Streben nach mehr Besitz und Anerkennung hat in vielen Bereichen zu einer Entfremdung geführt –

zu einer Entfremdung von uns selbst und von den Menschen um uns herum. Das Leben in einer Welt, in der der äußere Schein mehr Gewicht hat als das innere Wohl, hat viele an ihre Grenzen geführt.

Doch dieser Wandel weg von oberflächlichem Konsumdenken hin zu einem stärker innerlich orientierten Lebensstil ist mehr als nur eine Modeerscheinung. Es ist eine bewusste Rückkehr zu den Wurzeln menschlicher Werte: Respekt, Empathie, Fürsorglichkeit und Verantwortung. Es ist ein Schritt hin zu einer Gesellschaft, in der Beziehungen, nicht Dinge, zählen – in der das Wohl der Gemeinschaft und die Pflege der Umwelt genauso wichtig sind wie individuelle Erfolge.

Auch wenn die Welt sich rasant verändert, bleiben diese Werte unverändert. Sie sind das stabile Fundament, auf dem eine Gesellschaft gedeihen kann. Freundlichkeit, Respekt und der achtsame Umgang mit der Umwelt sind keine veralteten Konzepte – sie sind zeitlos und bieten uns die Orientierung, die wir in einer immer komplexer werdenden Welt benötigen. Inmitten der Technologie und der ständigen Vernetzung sind sie das, was uns als Menschen miteinander verbindet und es uns ermöglicht, auf einer tieferen Ebene zu kommunizieren und zu handeln.

Die Sehnsucht nach einer tieferen, authentischen Verbindung – zu uns selbst, zu anderen und zu unserer Umgebung – ist heute stärker denn je. Wir erkennen zunehmend, dass der äußere Erfolg allein nicht ausreicht, um ein erfülltes Leben zu führen. Die wahre Erfüllung liegt in der Balance zwischen materiellem Wohlstand und der Pflege innerer Werte, zwischen beruflichem Erfolg und der Pflege von Beziehungen, die auf echtem Verständnis und Mitgefühl basieren.

Das Streben nach innerer Freiheit und Bewusstsein

In dieser neuen Ära des Bewusstseins wird wahre Freiheit nicht mehr in äußeren Umständen gesucht – sei es in Besitz, Status oder der Jagd nach immer neuen Zielen – sondern in der Fähigkeit, sich selbst zu erkennen, zu verstehen und anzunehmen. Der Druck, ständig den Erwartungen anderer zu entsprechen, ist ein unsichtbares Gefängnis, das viele Menschen gefangen hält. Wir sind in ein System hineingeboren, das uns lehrt, dass unser Wert von dem abhängt, was wir besitzen, wie wir aussehen und was wir erreichen. Doch wahre Freiheit ist die Befreiung von diesen äußeren Normen und die Fähigkeit, sich selbst zu entfalten, ohne die Verantwortung für das Wohl anderer und der Welt zu verlieren.

Freiheit bedeutet in dieser neuen Ära nicht, sich losgelöst und unverbunden zu fühlen, sondern eine Art von Freiheit zu erleben, die in der Verbundenheit mit sich selbst, anderen und der Natur liegt. Es geht darum, sich selbst zu verstehen und seine eigenen Bedürfnisse, Wünsche und Werte klar zu erkennen. Diese innere Freiheit ist nicht nur eine persönliche Reise, sondern eine gesellschaftliche Verpflichtung, die in jedem Handeln widergespiegelt wird. Wenn wir uns von den äußeren Einflüssen und den fremdbestimmten Zielen lösen, kommen wir zu einer tieferen Wahrheit, die es uns erlaubt, mit echtem Bewusstsein und Verantwortung zu leben.

In dieser neuen Ära des Bewusstseins erkennen immer mehr Menschen, dass Freiheit nicht in der Flucht vor der Realität liegt, sondern in der Anerkennung und Akzeptanz der eigenen Wahrheit. Es ist die Freiheit, sich selbst zu erlauben, unvollkommen zu sein und dennoch einen Wert zu haben. Es ist die Freiheit, im Einklang mit den eigenen Werten zu leben, ohne sich ständig von der Meinung und den Erwartungen anderer beeinflussen zu lassen.

Der Aufstieg einer neuen Art von Spiritualität

In der neuen Ära des Bewusstseins verstehen immer mehr Menschen Spiritualität als einen Zustand der Achtsamkeit und inneren Balance, statt sie lediglich als religiöse Praxis zu begreifen. Diese Art von Spiritualität fordert uns dazu auf, uns selbst und unsere Mitmenschen mit mehr Mitgefühl und Empathie zu begegnen. Sie fordert uns auf, aus der Rolle des Konsumenten und der unreflektierten Zuschauer auszutreten und aktiv am Prozess der spirituellen und sozialen Veränderung teilzunehmen.

Spiritualität in dieser neuen Ära ist nicht nur das Streben nach innerer Erleuchtung, sondern auch das Streben nach sozialer und ökologischer Verantwortung. Sie fordert uns auf, unsere eigene Bewusstseinsentwicklung mit der Fürsorge für andere und die Welt zu verbinden. Diese Spiritualität ist integrativ und umfasst alle Aspekte des Lebens: Sie ist in unseren täglichen Handlungen, in der Art und Weise, wie wir uns selbst und andere behandeln, in unserem Engagement für den Schutz der Umwelt und in der Achtsamkeit, mit der wir durch die Welt gehen.

Der spirituelle Wandel ist nicht nur eine Rückbesinnung auf alte Werte, sondern eine Transformation, die auch die Bedürfnisse der modernen Welt berücksichtigt. In einer Zeit, in der die Welt immer schneller wird und die Herausforderungen immer komplexer, bietet Spiritualität einen Anker, der uns hilft, inmitten des Sturms ruhig zu bleiben. Sie bietet uns die Werkzeuge, die wir brauchen, um uns mit uns selbst und der Welt auf eine tiefere und nachhaltigere Weise zu verbinden.

Leons Weg – Vom Chaos zur Klarheit

Leons Geschichte ist die eines jungen Mannes, der sich im Laufe seines Lebens immer mehr von sich selbst entfremdete. Geboren in einer Familie, die große Erwartungen an ihn hatte, fand sich Leon in einem ständigen Spannungsfeld zwischen den Anforderungen seiner Eltern und seiner eigenen Unsicherheit. Der Druck, den er empfand, war erdrückend. In der Schule war er ein Überflieger, doch in seinem Inneren fühlte er sich leer und unsicher. Die ständigen Vergleiche mit anderen, die Anforderungen, die nie enden wollten, und das ständige Gefühl der Unzulänglichkeit, das ihm vor Augen geführt wurde, führten ihn in eine tiefe Krise.

Die Drogenkonsum war ein Versuch, diesem inneren Chaos zu entkommen. Anfangs gab es das Gefühl von Freiheit – eine kurzfristige Flucht vor den ständigen Sorgen und Ängsten. Doch bald schon merkte er, dass diese Freiheit trügerisch war. Die Drogen gaben ihm nicht die Antwort auf seine innere Leere, sondern verstärkten sie. Sie zogen ihn weiter in den Strudel der

Selbstzerstörung. Seine Beziehungen brachen auseinander, er verlor die Kontrolle über sein Leben, und die ständigen Stimmen in seinem Kopf, die ihm sagten, dass er nichts wert war, wurden immer lauter.

Doch inmitten dieses Chaos erlebte Leon einen Wendepunkt. Nach einem besonders schweren Drogenrausch fand er sich im Krankenhaus wieder, umgeben von Geräten und der kalten Realität seines eigenen Lebens. In diesem Moment traf ihn eine Erkenntnis – er konnte so nicht weitermachen. Entweder er würde sich aufgeben oder einen radikalen Wandel vollziehen. Es war der erste Schritt auf einer Reise der Selbstfindung.

Der Wendepunkt – Der Weg zur Selbstakzeptanz

Leon begann, sich mit seiner eigenen Geschichte auseinanderzusetzen. Er suchte Hilfe, sowohl bei Therapeuten als auch in Büchern über Selbstfindung und Achtsamkeit. Nach und nach stellte er fest, dass der Schmerz, den er fühlte, nicht von äußeren Umständen, sondern von seiner eigenen Ablehnung ihm selbst gegenüber stammte. Er hatte sich immer selbst als ungenügend betrachtet, hatte geglaubt, die Welt würde ihn ebenfalls ablehnen.

Leon zog sich aus seinem alten Umfeld zurück und begann, in einem neuen Umfeld ein neues Leben zu gestalten. Er fand zu Meditation und Achtsamkeit, was ihm half, mit den inneren Blockaden, Ängsten und Zweifeln umzugehen. Er lernte, sich selbst zu akzeptieren – nicht als perfektes, sondern als ein fehlerhaftes, aber wertvolles Wesen.

Die Reise der Selbstfindung

Leons Weg zur Selbstfindung war lang und nicht ohne Rückschläge. Aber je mehr er sich mit sich selbst auseinandersetzte und mit den Menschen in Kontakt trat, die ihn unterstützten, desto mehr fand er zu innerem Frieden. Die Drogen verschwanden aus seinem Leben, und er begann, gesündere Wege zu finden, um mit seinen Ängsten und Unsicherheiten umzugehen.

Er lernte, dass wahre Freiheit nicht in der Flucht vor sich selbst liegt, sondern darin, sich selbst zu akzeptieren und sich von den ständigen Sorgen zu befreien, was andere über einen denken könnten. Leon fand den Mut, seinen eigenen Weg zu gehen – auch wenn dieser Weg nicht immer leicht war. Und heute hilft er anderen, die ähnliche Kämpfe durchmachen, und erinnert sie daran, dass der Weg zur Selbstfindung eine Reise ist, die Geduld erfordert.

Die wahre Freiheit

Leons Reise lehrt uns, dass wahre Freiheit die Freiheit von den inneren Fesseln ist – von der Angst, der Selbstverurteilung und den Erwartungen anderer. Es ist die Freiheit, sich selbst zu lieben, sich selbst zu akzeptieren und in einer Welt zu leben, in der wir uns mit anderen in echter Verbundenheit begegnen. Freiheit bedeutet nicht, sich von der Welt zu entfremden, sondern sie in ihrer vollen Tiefe zu erfahren und in Harmonie mit sich selbst und anderen zu leben.

Fragen zum Nachdenken:

- Welche inneren Blockaden hindern dich daran, wirklich frei zu leben?
- Was könntest du tun, um mehr Selbstakzeptanz und innere Freiheit zu entwickeln?
- Welche Schritte kannst du unternehmen, um dich von alten, destruktiven Verhaltensmustern zu befreien?
- Wie könnte deine Reise zur Selbstfindung aussehen, wenn du dich nicht von den Erwartungen anderer leiten lässt?

Die Balance zwischen den alten und neuen Werten

Die Balance zwischen den alten und neuen Werten

Die Welt um uns herum verändert sich ständig, doch viele der Werte, die uns geprägt haben, bleiben für uns wichtig. Die „alten" Werte – Respekt, Loyalität, Geduld und Verantwortung – sind nicht nur nostalgische Relikte vergangener Zeiten, sondern sie sind auch die Grundlage für eine gesunde, stabile Gesellschaft. In einer immer schnelllebiger werdenden Welt bieten diese Werte Halt und Orientierung. Sie helfen uns, inmitten der zunehmenden Komplexität des Lebens nicht den Überblick zu verlieren.

Doch ebenso unverkennbar ist der Wandel, der in der Gesellschaft stattfindet. Neue Werte wie Selbstbestimmung, Authentizität, Nachhaltigkeit und Empathie nehmen zunehmend Raum ein. Sie spiegeln die Herausforderungen und Bedürfnisse einer modernen Welt wider, die durch Digitalisierung, Globalisierung und ein wachsendes Bewusstsein für soziale Verantwortung geprägt ist. Diese Werte sind nicht einfach eine Reaktion auf die Veränderungen, sondern ein Spiegelbild der neuen Bedürfnisse, die viele Menschen heutzutage empfinden. Die Frage ist: Wie können wir die beiden Welten miteinander verbinden?

Die wahre Kunst des Lebens liegt darin, eine Balance zwischen den beiden zu finden. Es geht nicht darum, die alten Werte zugunsten der neuen zu verwerfen, sondern sie als eine wertvolle Grundlage zu verstehen, auf der die modernen Werte weiter gedeihen können. Die Kunst besteht darin, diese Werte zu verbinden und zu einem harmonischen Ganzen zu formen.

Die Balance zwischen den Welten: Claudia und Katharina auf der Suche nach Harmonie

Claudia und Katharina wuchsen in einer Gemeinschaft auf, in der die Werte von Ehrlichkeit, Verantwortung und Vertrauen die Grundlage des Zusammenlebens bildeten. Die Welt, die sie kannten, war klar strukturiert, und ihre Erziehung beruhte auf Prinzipien wie Respekt und Loyalität. Ihre Kindheit war von einem Gefühl der Sicherheit geprägt, das durch die Stabilität der Gemeinschaft gestützt wurde. Doch als sie das Studium begannen und aus ihrer vertrauten Welt heraustraten, stießen sie auf eine Realität, die sie so noch nie gekannt hatten.

Bereits bei der Wohnungssuche in der neuen Stadt, in der sie ihre Universität besuchten, wurden sie mit den ersten Herausforderungen konfrontiert. Die moderne Welt, in die sie nun eintauchten, war von einer ganz anderen Logik geprägt. Angebote, die verlockend und vielversprechend klangen, erwiesen sich als leer und unzuverlässig. „Günstige Wohnung in Top-Lage" entpuppte sich als heruntergekommene Absteige, die von den Vermietern geschickt angepriesen wurde. Als sie in letzter Sekunde von einem vermeintlichen Angebot ausgeschlossen wurden, spürten sie das erste Mal die Kluft zwischen den beiden Welten.

Für Claudia, die es gewohnt war, dass ein Versprechen auch tatsächlich gehalten wurde, war dies ein harter Schlag. In ihrer Alten Welt hatte ein Wort Gewicht, und man konnte sich darauf verlassen, dass Menschen ihre Verantwortung ernst nahmen. Doch hier, in der Neuen Welt, schien diese Form von Vertrauen aufzuweichen. Sie war fassungslos über die Undurchsichtigkeit und die ständigen Lügen, die sie in den Verhandlungen erlebte. Es war eine Welt, in der man sich fragen musste, ob das, was gesagt wurde, wirklich auch das war, was getan wurde.

Katharina war zu Beginn begeistert von der scheinbaren Freiheit, die das Studierendenleben bot.

Die Vorstellung, sich selbst zu entfalten, ohne die strengen Normen ihrer Herkunft, war anfangs verlockend. Doch auch sie spürte bald, dass die moderne Gesellschaft mehr mit Manipulation und Selbstinteresse zu tun hatte, als sie erwartet hatte. Das Bild der freien, offenen Welt begann sich zu trüben, als sie feststellte, dass hinter vielen oberflächlichen Versprechungen auch ein Streben nach Macht und Gewinnvermehrung stand. Sie merkte, dass die Welt, die sie in ihrer Kindheit so sicher und berechenbar erlebt hatte, nun in vielen Aspekten von Gegensätzen geprägt war.

In ihren gemeinsamen Gesprächen fanden sie immer häufiger den Wunsch, eine Brücke zwischen den beiden Welten zu schlagen. Sie fühlten den inneren Konflikt, dass das, was sie in ihrer Heimat gelernt hatten, oft nicht in die Neue Welt passte. Sie sehnten sich nach einem Weg, die Werte von Aufrichtigkeit, Respekt und Verantwortung zu bewahren und gleichzeitig die Freiheiten der modernen Gesellschaft zu nutzen. Doch es schien, als würde das, was sie gelernt hatten, immer mehr im Widerspruch zu den Gegebenheiten ihrer Neuen Welt stehen.

Dennoch begannen sie, eine neue Perspektive zu entwickeln. Sie erkannten, dass es möglich war, die Werte ihrer Kindheit zu bewahren und gleichzeitig die neuen Möglichkeiten, die die moderne Welt bot, zu nutzen. Sie lernten, dass echte Freundlichkeit mehr als eine bloße Höflichkeitsfloskel war – sie war ein bewusster Akt der Achtsamkeit. Ein Blick in die Augen eines anderen, ein echtes Interesse am Wohl des anderen, statt nur an sich selbst zu denken. Diese einfache, aber tiefgehende Haltung war der Anfang, die Verbindung zwischen den Welten zu finden.

Ihre Reise war noch lange nicht zu Ende, aber sie hatten bereits einen wichtigen Schritt getan: Sie hatten erkannt, dass es nicht darum ging, sich für die eine oder andere Welt zu entscheiden. Es ging darum, eine Mitte zu finden, die sowohl die alten als auch die neuen Werte miteinander vereinte. Der Schlüssel lag darin, die besten Eigenschaften beider Welten zu übernehmen – nicht nur zu übernehmen, sondern sie zu leben.

Fragen zum Nachdenken:

- Welche alten Werte sind dir wichtig und wie kannst du sie in deinem Leben noch mehr zur Geltung bringen?
- Wie kannst du die neuen Werte der modernen Welt in dein Leben integrieren, ohne die traditionellen zu verlieren?

- Wo siehst du die größte Herausforderung, wenn es darum geht, eine Balance zwischen alten und neuen Werten zu finden?

Die Kunst des Lebens: Ein Meisterwerk in ständiger Entfaltung

Die Kunst des Lebens: Ein Meisterwerk in ständiger Entfaltung

Das Leben selbst ist eine Kunstform – eine, die wir nicht passiv hinnehmen, sondern aktiv gestalten können. Wie ein Maler vor einer leeren Leinwand, so stehen auch wir in jedem Moment vor der Möglichkeit, unser Leben zu formen und es zu einem einzigartigen Meisterwerk zu machen. Doch wie ein Kunstwerk erfordert es Geduld, Hingabe und ein tiefes Verständnis unserer eigenen Werte und Bestrebungen. Es ist kein Prozess, der sich einfach nebenbei abspielt, sondern eine bewusste Entscheidung, wie wir uns selbst und die Welt um uns herum sehen.

Das Leben als kreative Handlung

Das Leben ist dynamisch und ständig in Bewegung. Wir sind nie am Ziel, sondern immer auf dem Weg, uns selbst zu erfinden und zu entfalten. Jede Entscheidung, jede Handlung und jede Reflexion formt das Bild, das wir von uns selbst und der Welt erschaffen. Ähnlich wie ein Künstler, der immer wieder neue Details hinzufügt oder Änderungen vornimmt, um seine Vision zu vollenden, können wir unser Leben nach unseren Vorstellungen und Idealen gestalten. Doch im Gegensatz zu einem Gemälde, das irgendwann als „fertig" gilt, ist das Leben ein unaufhörlicher Prozess der Veränderung. Unsere Handlungen und Gedanken wirken wie Pinselstriche auf der Leinwand unseres Lebens, und es gibt unendlich viele Möglichkeiten, das Bild weiterzuentwickeln.

Kreativität, die wir in unserem Leben einbringen, zeigt sich nicht nur in der Kunst, sondern auch in den alltäglichen Bereichen – in der Art, wie wir unsere Beziehungen gestalten, wie wir auf Herausforderungen reagieren und wie wir die uns zur Verfügung stehende Zeit nutzen. Wie ein Bild nicht nur aus den kräftigsten Farben besteht, sondern auch aus den leisen, nuancierten Tönen, so ist auch unser Leben nicht nur durch außergewöhnliche Momente geprägt, sondern auch durch die unscheinbaren, doch wichtigen Momente des Alltags. Jeder Aspekt unseres Lebens ist ein kreativer Ausdruck, und in jedem Moment haben wir die Chance, das Bild neu zu überdenken und neu zu gestalten.

Lebenskunst und Achtsamkeit: Der Schlüssel zum wahren Erleben

Die Kunst des Lebens kann jedoch nur dann in vollem Maße gedeihen, wenn wir uns der Bedeutung des Augenblicks bewusst sind. Achtsamkeit ist das Werkzeug, das uns hilft, unser Leben nicht nur zu erleben, sondern es in seiner vollen Tiefe zu erfahren. In einer Welt, die von Ablenkungen und äußeren Anforderungen überflutet ist, neigen wir dazu, uns in oberflächlichen Zielen zu verlieren. Doch die wahre Kunst des Lebens liegt im Innehalten, im Spüren des gegenwärtigen Moments und im Handeln aus einem Ort der Klarheit und Präsenz.

Achtsamkeit bedeutet, mit allen Sinnen im Hier und Jetzt zu sein, ohne uns von der Vergangenheit oder der Zukunft in Beschlag nehmen zu lassen. Wenn wir in einem Zustand der Achtsamkeit leben, sehen wir die Schönheit, die oft in den kleinen Dingen des Lebens verborgen ist – im Lächeln eines Fremden, in der Stille eines Sonnenuntergangs oder in der Gelassenheit, die uns beim bewussten Atmen überkommt. Es ist, als ob wir durch einen Filter blicken, der die Welt in all ihrer Klarheit und Intensität zeigt, ohne den Schleier der Sorgen oder der Ablenkung.

In diesem Zustand der Achtsamkeit können wir unser Leben als Kunstwerk erfahren. Wir erkennen, dass jeder Moment ein Akt der Schöpfung ist – sei es das Annehmen einer schwierigen Entscheidung, das liebevolle Pflegen einer Beziehung oder das stille Genießen eines Augenblicks des Friedens. Achtsamkeit eröffnet uns die Möglichkeit, in jedem Moment das Potenzial zu sehen, unser Leben mit Kreativität und Bewusstsein zu gestalten.

Das Streben nach Authentizität: Der wahre Ausdruck des Selbst

Einer der zentralen Aspekte der Kunst des Lebens ist die Authentizität – das Streben danach, wahrhaftig und im Einklang mit unseren innersten Werten zu leben. Ein authentisches Leben zu führen bedeutet, sich von äußeren Erwartungen und den Ansprüchen der Gesellschaft zu befreien und die eigene wahre Natur zu leben. Es erfordert Mut, sich selbst zu erkennen und die Entscheidungen zu treffen, die uns in Einklang mit unserem inneren Selbst bringen, anstatt uns von den Meinungen oder Wünschen anderer leiten zu lassen.

Authentizität ist eine der größten Herausforderungen auf dem Weg der Lebenskunst, da sie uns oft auffordert, tief in uns selbst zu blicken und uns von den Illusionen und Masken zu befreien, die wir im Laufe der Zeit aufgebaut haben. Doch gerade diese Reise zur

Authentizität ist der Schlüssel zu einem erfüllten Leben. Wenn wir uns von den Erwartungen anderer befreien und unser Leben nach unseren eigenen Vorstellungen gestalten, dann erkennen wir, dass unser Leben – mit all seinen Ecken und Kanten – bereits ein Kunstwerk ist. Es ist ein Ausdruck unserer Persönlichkeit, unserer Erfahrungen und unserer Reise.

Ein authentisches Leben zu führen, bedeutet auch, Fehler und Unvollkommenheiten zu akzeptieren. Die Kunst des Lebens liegt nicht in der Perfektion, sondern in der Bereitschaft, sich selbst in all seiner Unvollständigkeit zu lieben und anzunehmen. Jede Erfahrung, ob gut oder schlecht, ist ein Teil des Prozesses, der uns zu dem Menschen macht, der wir sind, und ein authentisches Leben zu führen bedeutet, diesen Prozess zu ehren.

Lebenskunst und Transformation: Der Weg des stetigen Wachstums

Das Leben als Kunstwerk zu betrachten, bedeutet, die Transformation anzunehmen. Wir sind nicht statische Wesen, sondern ständig in Bewegung und Entwicklung. Genauso wie ein Künstler immer wieder neue Ideen ausprobiert, das Werk verändert und es weiterentwickelt, so sind auch wir in einem kontinuierlichen Prozess der Selbstentfaltung. Wir lernen, wachsen und verändern uns – und das ist der wahre Zauber der Kunst des Lebens.

Transformation bedeutet nicht nur, sich äußerlich zu verändern, sondern vor allem, die inneren Räume zu erkunden, neue Perspektiven zu gewinnen und die eigene Weltanschauung immer wieder zu hinterfragen. Diese Reise ist nicht linear, sondern von Höhen und Tiefen geprägt, von Momenten des Zweifels und der Unsicherheit, aber auch von Momenten der Klarheit und des Wachstums. Doch genau diese Transformation macht unser Leben einzigartig.

Eine Geschichte der Transformation: Mikes Weg zur Lebenskunst

Mike saß auf der kleinen Veranda von Frau Steiners Haus, die Sonne senkte sich langsam hinter den Bäumen, und der Duft von Herbstblättern lag in der Luft. Seit Jahren war sie für ihn wie ein Leuchtturm der Weisheit, und in diesem Moment wusste er, dass er erneut auf ihre Rat suchen würde. Er hatte das Gefühl, sein Leben stehe still – er war gefangen in einem Kreislauf von Arbeit und Pflicht, ohne das Gefühl zu haben, dass er wirklich lebte.

„Ich habe das Gefühl, mein Leben dreht sich nur um das, was andere von mir erwarten", sagte Mike nachdenklich. „Arbeit, Verpflichtungen, alles fühlt sich wie eine Routine an. Ich habe keine Ahnung mehr, was wirklich wichtig ist."

Frau Steiner lächelte sanft und schaute ihm tief in die Augen. „Du bist nicht der Einzige, der sich so fühlt. Es ist leicht, sich in den Erwartungen der anderen zu verlieren und das Wesentliche aus den Augen zu verlieren. Aber das Leben – Mike, das ist keine Routine, es ist eine Kunst. Und Kunst entsteht nicht, wenn wir nur dem Strom folgen. Sie entsteht, wenn wir den Mut haben, unseren eigenen Weg zu gehen."

„Aber wie finde ich diesen Weg?", fragte Mike.

„Indem du die Fragen stellst, die du dir gerade stellst", antwortete sie. „Indem du das Leben als Kunst betrachtest und erkennst, dass jeder Moment, jede Entscheidung die Möglichkeit bietet, etwas Neues zu schaffen. Dein Leben ist ein fortwährender Prozess der Selbstentdeckung. Du musst nicht sofort alle Antworten haben. Aber du kannst beginnen, bewusster zu leben – jeden Tag, in jeder Handlung."

Mike fühlte sich leichter, als hätte sich ein Schleier gelüftet. Die Worte von Frau Steiner öffneten ihm die Augen für das, was ihm schon immer klar gewesen war, aber was er bisher nicht gesehen hatte. **Die Kunst des Lebens ist die Fähigkeit, bewusst zu gestalten, zu verändern und in jedem Moment authentisch zu sein.** Sie liegt nicht in der Perfektion, sondern im stetigen Prozess des Wachstums und der Transformation.

Fragen zum Nachdenken:
1. In welchen Bereichen deines Lebens könntest du mehr Kreativität und Bewusstsein einbringen?
2. Was bedeutet es für dich, ein authentisches Leben zu führen?
3. Wie kannst du dein Leben als Kunstwerk betrachten und die Transformation annehmen, die es mit sich bringt?
4. Welche Entscheidungen würdest du treffen, wenn du dein Leben wie ein Kunstwerk gestalten würdest?

Diese Fragen sind nicht nur eine Einladung zur Selbstreflexion, sondern auch zu einem neuen Blick auf das Leben – als ein fortwährender Akt der Schöpfung. Denn in jedem Moment haben wir die Möglichkeit, ein weiteres Meisterwerk zu erschaffen.

Nachwort

Nachwort

Liebe Leserinnen und Leser,

als ich dieses Buch schrieb, war es weniger ein fertiges Werk in meinem Kopf, sondern vielmehr ein lebendiger Prozess – eine Reise zu mir selbst und ein stiller Dialog mit all jenen, die vielleicht ähnliche Fragen an das Leben haben wie ich.

„Die Kunst, sich selbst zu leben" ist kein Buch, das Antworten liefern will. Vielmehr möchte es Sie dazu ermutigen, die Antworten in sich selbst zu suchen. Unsere Welt ist voller Lärm, voller Meinungen und scheinbarer Wahrheiten, die uns oft mehr verwirren als leiten. Aber inmitten dieses Chaos gibt es einen Ort der Ruhe, der Klarheit – in uns selbst. Diesen Ort zu finden und ihm zu vertrauen, ist eine der schönsten und zugleich mutigsten Aufgaben, die wir uns stellen können.

Ich weiß, dass viele von Ihnen – wie auch ich selbst – oft das Gefühl haben, mit den eigenen Unsicherheiten und Herausforderungen allein zu sein. Doch ich möchte Ihnen sagen: Sie sind es nicht. Die Zweifel, die Sie begleiten, sind Teil der Menschlichkeit, die uns alle verbindet. Sie sind keine Schwäche, sondern der Anfang von Stärke.

Die Geschichten und Gedanken in diesem Buch sind inspiriert von meinen eigenen Erfahrungen, aber auch von den Menschen, die mich begleitet haben. Jenen, die mich herausgefordert haben, die mich zum Nachdenken gebracht haben, und vor allem jenen, die mir gezeigt haben, dass wahre Erfüllung nicht in Perfektion, sondern in Authentizität liegt.

Es ist mein Wunsch, dass dieses Buch für Sie ein kleiner Begleiter wird – wie ein guter Freund, der Ihnen ab und zu ein paar Worte des Trostes, der Ermutigung oder auch des Nachdenkens schenkt. Nehmen Sie sich Zeit, um sich selbst zu begegnen. Haben Sie den Mut, nicht immer allen Erwartungen gerecht zu werden. Und vor allem: Seien Sie geduldig mit sich selbst.

Ich danke Ihnen von Herzen, dass Sie mir Ihre Zeit und Ihr Vertrauen geschenkt haben. Möge „Die Kunst, sich selbst zu leben" Sie ein Stück weit auf Ihrem Weg begleiten – wohin auch immer er Sie führen mag.

Mit den besten Wünschen und einem warmen Lächeln,

Ihre

Mara von Eichen

Danksagung

*Erstellung und Gestaltung wurden
mithilfe von WriteControl vorgenommen*